空海

高村薫
Kaoru Takamura

新潮社

空海

目次

高野山内伽藍全図

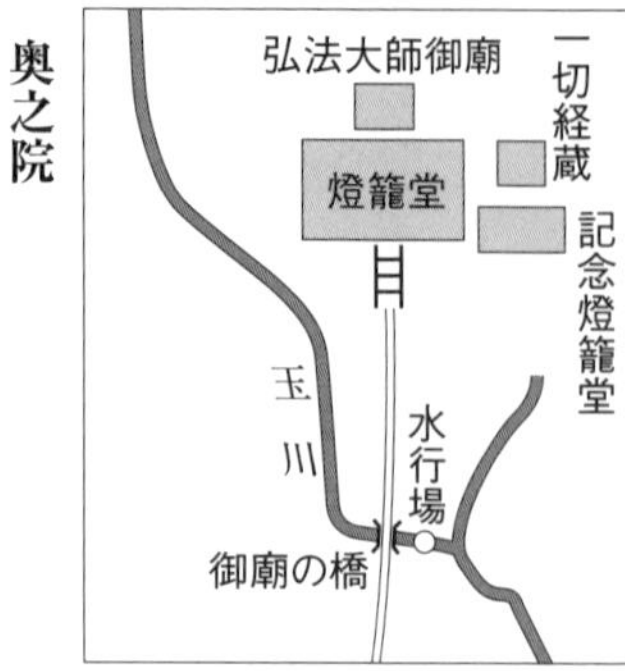
奥之院
弘法大師御廟
一切経蔵
燈籠堂
記念燈籠堂
玉川
水行場
御廟の橋

奥之院
御廟の橋
御供所
玉川橋
豊臣家墓
松平秀康霊屋
崇源院五輪塔
汗かき地蔵
姿見井戸
上杉謙信廟（霊屋）
中之橋
上智禅尼墓
武田信玄・勝頼墓
佐竹義重霊屋
法明上人墓
一の橋
苅萱堂
往生院谷
蓮華谷

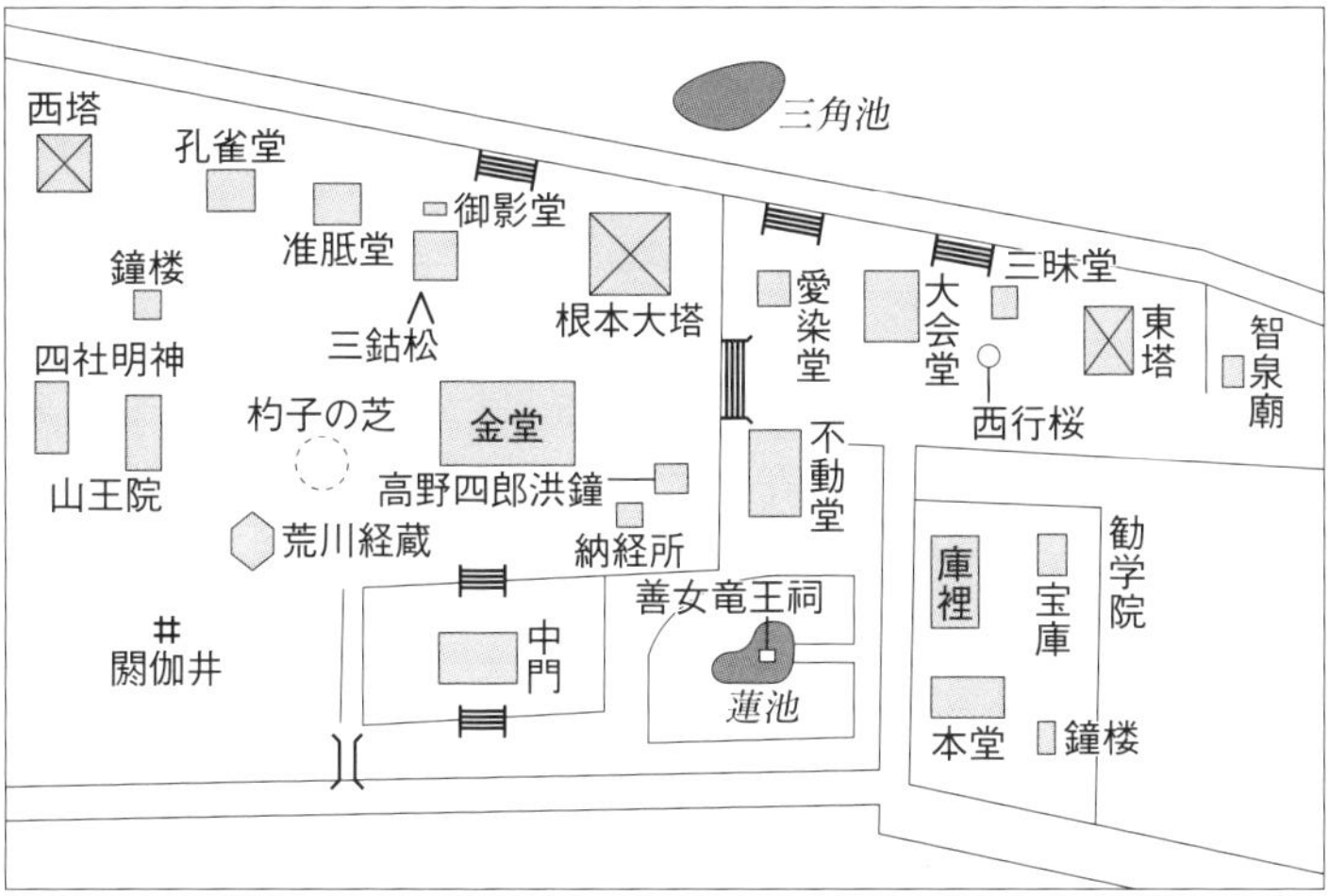
三角池
西塔
孔雀堂
御影堂
准胝堂
鐘楼
根本大塔
三鈷松
四社明神
杓子の芝
金堂
山王院
荒川経蔵
高野四郎洪鐘
納経所
閼伽井
中門
善女竜王祠
蓮池
愛染堂
大会堂
三昧堂
東塔
智泉廟
西行桜
不動堂
庫裡
宝庫
勧学院
本堂
鐘楼

壇上伽藍

女人堂
一心院谷
徳川家霊台
金輪塔
五之室谷
本中院谷
谷上院谷
千手院谷
白河天皇皇子
覚法法親王墓
瑜祇塔
専修学院
金剛峯寺
大門
六時の鐘
壇上伽藍
大師教会
西院谷
霊宝館
大宝蔵
南谷
小田原谷

初めに

一九九五年一月、私は大阪の自宅で阪神淡路大震災に遭遇した。それを機に、私の四十二年の人生は文字通り根底から変わった。いかなる信心にも無縁だった人間が突然、仏を想ったのである。正確には仏らしきものと呼ぶのがせいぜいの、茫洋とした感覚に過ぎなかったが、とまれ、長らく近代理性だけで生きてきた人間が、人間の意思を超えたもの、言葉で言い当てることのできないものに真に直面し、そのことを身体に刻んだのだ。以来、手さぐりで仏教書をひもとき、仏とは何かと考え続けて今日に至っているが、それでも信心なるものにはいまなお手が届かない。

阪神間では、大震災の犠牲者への祈りがいまも絶えることはない。その光景に触れるたびに、日本人は誰に教えられずとも、見ず知らずの死者たちと自身を一続きのものとして捉え、死者たちの冥福と自身の家族の安寧を自然に重ね合わせて祈ることができる国民性をもっているのだと痛感させられる。もちろん、そうした祈りは二〇一一年三月に発生した東日本大震災の被災地では、一層生々しい日常となっていることだろう。

このたび、共同通信社の企画で、二十一世紀の空海の肖像を探る旅に出るのを機に、現代の日本でいま、もっとも深い祈りに満ちているだろう東北の被災地を、やはり訪ねておきたいと思った。これまで犠牲者のあまりの多さに立ちすくむばかりで被災地の現実に向き合う決心がつかなかったが、震災から三年後の二〇一四年三月十日、私はようやく被災地に立つこととなった。そこで出会った弘法大師・空海の残像と人びとの祈りの風景を、まずは書き留めておきたい。

＊

東北は、西日本ほど大師信仰は盛んではないが、それでも真言宗の寺は各地にある。最初に、福島第一原発の事故以来、住民の避難が続く福島県浪江町を目指したのは、大正大学元学長で宗教学者の星野英紀《えいき》氏が、事故後いち早く福島・浜通りの真言宗の寺院檀信徒調査を行った際に、調査に協力した一軒の被災寺院を訪ねるためである。

その日、東北は三年前と同じように雪が舞い、手指が凍るほどの寒さだった。仙台空港から車で福島へ向かう。南相馬市を過ぎて避難指示区域の浪江町に入ると、放射能汚染の影響で片付けの遅れている沿岸部はいまも流された船や車が放置されており、息を呑む。震災前は集落と漁港と田んぼの広がっていた漁村が、海風の音しかない裸地に還っているというだけではない。津波に呑まれた死者の気配がいまもそここに感じられるのは、原発事故のために何もかもが十分に弔われず、納まるべきところに納められていないせいだろう。家々とともに位牌も墓も遺骨もみな流失した被災地では、先祖たちも漂流しているのである。

福島県浪江町。未だ手付かずの荒れ地の慰霊台に献花が絶えない

仮設住宅に響く法螺貝の音

浪江町の清水寺に立つ弘法大師像には蔓が絡まっていた

一方、住民の姿が消えたままの浪江の市街地も、街道沿いに並ぶ無人の家々も一切の生命の気配がない、背筋の凍りつくような静寂である。その市街地から五キロほど離れた山間に、目指す清水寺《きよみずでら》は建っていた。二〇メートルほど先で道路は封鎖されており、その向こうは帰還困難区域で立ち入ることもできない。居住制限区域となっている寺の境内でも放射線量は毎時六、七マイクロシーベルトもあり、線量計の警報が鳴り続ける。

寺は参道の石柱や燈籠が倒れ、本堂は土壁が崩れて、なかは足の踏み場もない惨状である。庫裏はネズミの巣になり、震災前に新築したばかりの客殿ももう使い物にならない。墓地も墓石が倒れたままで、墓参もままならないが、近くには埋葬できない遺骨の仮置き場だけが新たに作られていた。もともと寺と檀家の結びつきが強い地方だそうで、震災前は約五百軒の檀家が日々出入りし、花見なども行われていたという。そんなすべてが失われた廃墟の一隅に等身大の弘法大師像がぽつんと立っており、その上に小雪が舞い続ける。

林心澄《はやししんちょう》住職（四七）は、いまは避難先の相馬市に小さな一戸建て住宅を購入して寺務所にし、朝夕のお勤めを続けているが、施餓鬼会《せがきえ》やお盆の塔婆書きなどの寺の行事は何一つできず、法要も斎場を借りて行っている。避難時には檀信徒の名簿も持ち出せず、いまや寺と檀信徒はかろうじて携帯電話でつながっている。全国に散らばった檀信徒は、これから先祖供養をどうすればよいのかと不安を募らせており、いつか浪江に帰るという思いも、厳しい現実を前に揺らぎつつある。

林住職は、これまで同門の被災寺院十七カ寺とともに東電との補償交渉を進めてきたが、東電側の無理解の壁は厚い。またそれ以上に、仮に寺を再建しても若い世代が地元に戻らない可能性は高く、檀家が代替わりすれば離檀が起こるのは避けられない。そう思うと、まだ若い住職は自身と自坊の未来が見えない不安に押しつぶされそうになる。「お大師さまならどうなさるだろう——。近ごろ、よくそんな自問をします」。初めて大師の名を口にした住職は、いずれやってくる離檀に備えてこころの準備を始めているが、人間の生活が失われた土地では、当たり前のことながら寺も僧侶も、仏も大師も消えてゆくのである。

翌十一日は岩手県を訪れた。東北の被災地では、何百年も地域の暮らしに根ざしてきた寺が震災と津波で倒壊したり流失したりしたいま、寺を中心に回ってきた地域社会もまた崩壊の危機にある。各々の寺が発行している冊子を覗くと、住み慣れた土地を離れて仮設住宅などに暮らす檀信徒たちが、絶望と孤立の淵にあって、わずかな救いを寺縁に見いだそうとする切ない声があふれている。

そんな被災者への支援活動を続けている奥州市の興性寺《こうしょうじ》の司《し》東和《とうわ》光《こう》住職（六五）と檀信徒の皆さん、そして活動に賛同して義援金を送り続けている東京は高尾山薬王院の大山《おおやま》隆玄貫首《りゅうげんかんす》名代の山伏お二人らと合流し、陸前高田市の仮設住宅訪問に同行した。信徒であるなしにかかわらず四日間で千三百軒を回り、菓子、メモ帳、興性寺が発行する冊子などを入れた慰問袋を配って歩く。今回が八回目だそうである。

働ける者は働きに出ているために高齢者しか残っていない仮設住宅の入り口で、山伏が法螺貝を吹く。本来は修験の山に響くその音色の力強さが、仮設住宅の暮らしの寂しさを逆に際立たせる。けれども一戸ずつ訪ねて回ると、扉の奥で逼塞《ひっそく》しているお年寄りたちが遠慮がちに顔を覗かせ、一瞬でも救われたような眼を見せる。なかには死んだ家族のため読経を頼む人もおり、僧侶たちはそのつど家に上がってお経を唱える。

司東住職は、真言宗の僧侶として「菩提心を因とし、大悲を根とし、方便を究竟《くきょう》とす」(一六頁脚注参照)という『大日経』の教えを実践しているにすぎないと言葉少なに語るが、実に僧侶にしか出来ないことの姿がここにあるだろう。当地の善男善女の多くは真言密教や空海の何たるかということには無縁ながら、日本仏教が中世以降、関わるようになっていった先祖供養を拠りどころにしてこころの安寧を求めてきた祈りの深さは、まさに信心としか呼べないものである。

その日の午後は、遠くに「奇跡の一本松」が見える金剛寺境内で執り行われた東日本大震災物故者追悼法要と、すぐ近くの泉増寺《せんぞうじ》に薬王院から寄進された半鐘の入仏撞き始め法要を見学した。半鐘は、震災時に防災無線が聞こえなかったという声を受けて新造されたものである。法要は、いずれも野外に簡素な祭壇を設えて執り行われた。季節外れの吹雪のなか、高台にある境内から望むのは地上の建物すべてが流失した裸地が海岸まで続く風景であり、聞こえるのは海風とブルドーザーやダンプカーの唸りばかりである。そこで震災の物故者追悼詠歌が訥々と歌われ、地元の人びとが涙をこらえて頭《こうべ》を垂れる。未曾有の大震災から三年、生き残った人びとは死者を悼み続けることでかろうじて悲しみに耐えて立っているように見えた。

ところで、被災地には大師信仰はもちろん、真言密教のかけらも見当たらなかったが、その代わりに、これこそ東北の基層かもしれない民衆の祈りがそこここにあった。如来も菩薩もお大師さんも、先祖と自分たちに魂の安寧をもたらしてくれる数多の神祇や祖霊たちと並んで在り、人びとは暮らしのなかで日夜、まさに呼吸をするようにそれらに手を合わせる。坂上田村麻呂の蝦夷征伐後、東北の土着の祈りを教化してきたはずの仏教は、神々や祖霊たちとともに生きる民衆の祈りに、いつの間にか逆に吸収されていたのである。

＊

二十一世紀の今日、弘法大師・空海の名を知らない日本人はいない。生誕の地とされる四国や、後年の活躍の舞台となった近畿一円に留まらず、西は九州から北は東北まで、日本各地に空海の足跡とされる伝承が数多く存在する。実際に空海が足を運んだ史実はなくとも、これほど多くの土地で語り継がれ、伝説となった宗教者は日本史上ほかに類を見ない。

しかしながら、その実像についての私たちの認識ははなはだ漠としているし、宗教上の業績に至っては、『教行信証』を著した親鸞や、『正法眼蔵』を著した道元ほども知られていないのではないだろうか。少し関心のある人なら、平安時代の初期に遣唐使船で入唐して、日本にインド発祥の密教を体系的に請来した人物、あるいは嵯峨天皇、橘逸勢《たちばなのはやなり》とともに三筆の一人に数えられた書の名人といった知識はあるかもしれないが、それにしても弘法大師の知名度の大きさに比べると、その人物像はあまりにぼんやりし過ぎている。

その理由としては、とりもなおさず千二百年前の僧空海の生涯については一次史料が少ないことや、後世の弘法大師の伝説が大きくなり過ぎて、その実像が見えにくくなったことなどが考えられるが、結局のところ、私たち日本人一般が求めてきたのは伝説の超人空海であって、平安時代を生きた実在の僧空海や、空海が築いた真言密教の体系的理解ではなかったということかもしれない。

一方では、近代の終わりということが言われ始めた一九六〇年代あたりから、近代理性の限界を超克するものとしての宗教体験や神秘体験が復権してきたのと期を同じくして、空海の再発見が始まった。遅れていた諸分野の研究が徐々に進み、渡辺照宏《しょうこう》・宮坂宥勝《ゆうしょう》の手になる不朽の名著『沙門《しゃもん》空海』や、松長有慶《ゆうけい》著の『密教の歴史』が世に出た。八〇年代には筑摩書房から『弘法大師空海全集』全八巻、九〇年代には高野山大学密教文化研究所より『定本弘法大師全集』全十一巻が刊行され、空海の主要著作の一部は今日、ちくま学芸文庫に『空海コレクション』として収録されて、一般の眼にも触れるようになっている。

二十一世紀に入ると、たとえば河出書房新社の『ＫＡＷＡＤＥ道の手帖』シリーズで、「世界的思想としての密教」という副題で空海が取り上げられ、安藤礼二、竹内信夫、前田英樹、落合仁司《ひとし》、井筒俊彦、中村元《はじめ》、松岡正剛などの文学者や哲学者、宗教学者、そして中沢新一や五来重《ごらいしげる》などの民俗学者によるさまざまな論考が掲載された。一昔前までどちらかといえば原始的な呪術性のみで捉えられてきた密教と、伝説ばかりが独り歩きしてきた超人空海が、そこでは一気に形而上学へ、さらには森羅万象を捉えうる神学へ、またあるいは近代の行きづまりを突破する可能性を秘めた直観的世界把握の高みへと引き上げられたのである。

個人的には、信仰そのものや仏教史から離れすぎた形而上学的な空海理解には一抹の違和感があるが、ともあれここに至ってもやはり、哲学者の眼に映る世界的思想家と、民衆の眼に映る伝説的超人の間で大きく分裂しているのが、いかにも空海らしいことではある。

さて、この半世紀の間に空海研究は進んだけれども、私たち日本人一般にとって空海がいまなお捉えどころのない存在であるのは、いったいなぜだろうか。いまどき、空海が高野山の奥之院の御廟で生きて修行を続けていると信じている人間などいないにもかかわらず、なぜその有り難みは無くならないのか。二十一世紀のいま、お大師さんとともに四国霊場をめぐる人びとは弘法大師に何を求め、何を得てゆくのか。学者や宗教者の手になる数多の研究とは別に、二十一世紀を生きる一日本人にとっての、二十一世紀の等身大の空海像を捉えたいと切に思う。空海を訪ねて日本各地をめぐる旅は、おそらく私たち日本人の信心のかたちをめぐる旅になるはずだ。

第1章　千二百年の時空を遡る

不思議な明るさをもつお山

八一六年、高野山の下賜を嵯峨天皇に請う上表文に、空海はこう記した。

「少年の日、好んで山水を渉覧して、吉野より南に行くこと一日、更に西に向かつて去ること両日程にして、平原の幽地有り。名づけて高野と曰ふ。（中略）四面高嶺にして人蹤蹊《じんしょうみち》絶えたり」（『遍照発揮性霊集《へんじょうほっきしょうりょうしゅう》〈補闕抄〉』）

その言葉通り、高野山は八つの峰に囲まれた標高約八百メートルの盆地であり、周囲からその姿を望むことはできない。高野山を開くに当たり、その政所《まんどころ》として創建されたと伝わる和歌山県九度山町の慈尊院から約二〇キロ、鎌倉時代に一町（約一〇九メートル）毎に設けられた五輪卒塔婆一八〇基を目印に延々、町石道《ちょういしみち》と呼ばれる山道を辿り、最後に急な斜面を這い上がると、突然朱塗りの大門が眼前に現れる。開創以来、天皇から庶民まで無数の人びとがこの世の浄土を目指して辿り着いた霊場の表玄関は、しかし平成のいま、幽玄というよりは涼やかに明るい。

千二百年前に空海が「平原の幽地」と詠んだ高野山はいまや世界遺産となり、

＊菩提心を因とし、大悲を根とし、方便を究竟とす
（「初めに」一二頁）
大日経に示された大乗仏教のエッセンスの一つ。仏の悟りを得ようとする心を起こし、他人の苦しみや悲しみを自分のものとして寄り添い、苦しんでいる人を救う方法を実践することが究極の目標であるとする教え。

大門
開創当初は現在よりも五百メートルほど下にあった鳥居をもって総門としていたが、一一四〇年頃に楼門形式になって、現在地に建てられたという。

フランスのミシュラン・グリーンガイド・ジャポンで三つ星を獲得した紀伊半島随一の観光地でもある。ケーブルカーには英語とフランス語の案内が流れ、欧州を中心に年間五万人にもなる外国人観光客のために、宿坊の僧侶たちは英語を話し、朝夕の説法を英語で行う寺もある。

　また、観光バスを連ねてやってくる信徒の団体がある傍ら、若い女性の一人旅の姿も散見され、観光の賑わいと救いを求めての祈りがそこここで重なり合う。だがその空気はやはり、晴朗で明るく、延暦寺（滋賀県）や永平寺（福井県）など、他宗の大本山を包む空気とはかなり趣が違うのだ。真言密教の中心としての高野山は、根本大塔をはじめとする壇上伽藍も奥之院も日々お勤めが行われる生きた宗教施設であり、町には真言僧を養成する専修学院や高野山大学もあるので、いたるところで僧侶やその卵たちに出会う。かくして名実ともにほかに例を見ない日本で唯一の宗教都市となっているのだが、それでも少しも重々しくないのは、観光都市の側面があるせいだろうか。

　もちろん、手に印契を結び、口に真言を唱え、法身《ほっしん》大日如来を観想する密教の三密加持の行は、日々至るところで生きて実践されているし、宿坊の朝夕のお勤めも厳粛なものである。しかし、どこの寺の須弥《しゅみ》壇《だん》も明かりを控えた奥深い空間になってはいるが、そこに神秘な験力を誇る密教の禍々しさは露ほどもない。静寂な祈りと、私のように信心のない者でもこころが鎮まる癒しの空間があるだけなのである。

大日如来
真言密教のよりどころの本尊。宇宙の真理そのものを体現しているとされ、法身仏と呼ぶ。教典では、大日如来が智慧の光で世界を照らし、人々の苦悩を取り除くと教え、すべての仏は大日如来が姿を変えたものと説く。空海は大日如来の世界を分かりやすく表現した曼荼羅《まんだら》を伝えた。

弘法大師・空海がいまも生きて修行を続けているとされる御廟と、それを遥拝するようにして約二十万基の墓や供養塔がひしめく奥之院も同様である。歴史に名を連ねる貴族や武将から名もない庶民まで、そこには死者たちの念慮や祖霊への無数の祈りがこれでもかと降り積もっているにもかかわらず、やはり墓地の陰気さはない。それどころか、ひとたび足を踏み入れれば杉の巨木の下で誰もがこの世のものでない霊気に包まれ、浄土とはこういうものかと震撼させられるのだ。神妙な表情の外国人観光客たちと、女性の一人旅と、善男善女たちの祈りと。そのすべてが必ずしも空海や真言密教につながっているわけではないが、無縁というのでもない。この二十一世紀の高野山の明るさはいったいどこから来るのだろうか。

高野山では、金剛峯寺座主の松長有慶大僧正（八四）のような高僧から末寺の見習い僧まで、位階も年齢も性別も異なる僧侶たちが一一七カ寺に暮らす。その彼らが高野山の空気をつくり、真言密教の現在を体現している以上、明るいのは彼ら僧侶であり、真言宗そのものかもしれない。

実際、外国人観光客が集い、一人旅の女性が宿坊の僧侶に悩みごとを打ち明けるのも、僧侶たちが親しみやすいからだろうし、私が出会った人びともみな和やかで明るかった。たとえば、金剛峯寺で広報を担当する田井《たい》悠蓮《ゆうれん》さん（三一）は、悩みを抱えた衆生の安寧を祈り、少しでもこころが晴れるよう回向するのが僧侶の役目だと真っ直ぐな眼をして語る。だから寺には澄んだ空気があ

三密加持
手指を組み合わせ、仏の悟りの内容や働きを表す印を結ぶ「身密《しんみつ》」、仏に呼び掛ける真言を唱える「口密《くみつ》」、仏の姿を心の中に描く「意《い》密《みつ》」の三つからなる修行法。空海は、宇宙の真理を体現する大日如来が、人々に対して直接、真理を説いていると説き、三密加持を通じて、その言葉を聞くことができるとした。

回向
自分の善行によって得た功徳を、他人に振り向けること。これによって自他ともに悟りを開けるとされている。

るはずだ、と。そんな彼は高野山のマスコットキャラクター「こうやくん」の仕事も引き受ける。

また例えば、舞踊家でもある滝山隆心《りゅうしん》さん（三三）は、舞踊を究める過程で真言密教に出会った異色の僧侶だが、彼もまた一片の迷いもない澄んだ眼で、毎日が修行と語る。日々の勤行の傍ら創作ダンスを踊るのは、大日経にいう「方便を究竟とす」る生き方を地でゆくのだろうか。彼はいま、高野山の広告塔でもある。

ほかにも、先代が早世した三一歳の山内のある住職は、修行より人間関係の難しさに苦労したとさらりと語り、二〇一三年三月に専修学院を出たばかりの二十代の青年僧も、学院で一番きつかったのは寮生活の人間関係ということだった。どちらも実に好青年であり、密教の神秘体験は自分にはないと話す。

一方、高野山は高野山大学を中心に学問の空気も豊かで、当代随一の宗教学者である松長座主をはじめ、高僧たちはそれぞれ真言密教の学究の徒でもある。彼らは、空海がいまも生きて修行を続けているという「入定留身《にゅうじょうるしん》」が、後世の創作であることに言及するのをはばかったりはしないし、そこから生まれた大師信仰と空海の体系化した真言密教が、厳密には別ものであることを否定もしない。またさらに、大日如来との入我我入といっても凡夫には安易には成し難い境地であることや、仮に到達したとしても客観的に検証不可能な身体体験であることなど、真言密教の教義と実践の間に横たわる難しさも、彼らは一様

入我我入
仏の三密と呼ばれる大日如来の身（身体）・口（言葉）・意（心）の尊い働きが我に入り、我の身・口・意の三密が仏に入り、両者が不二となって諸仏の功徳がわが身に備わること。

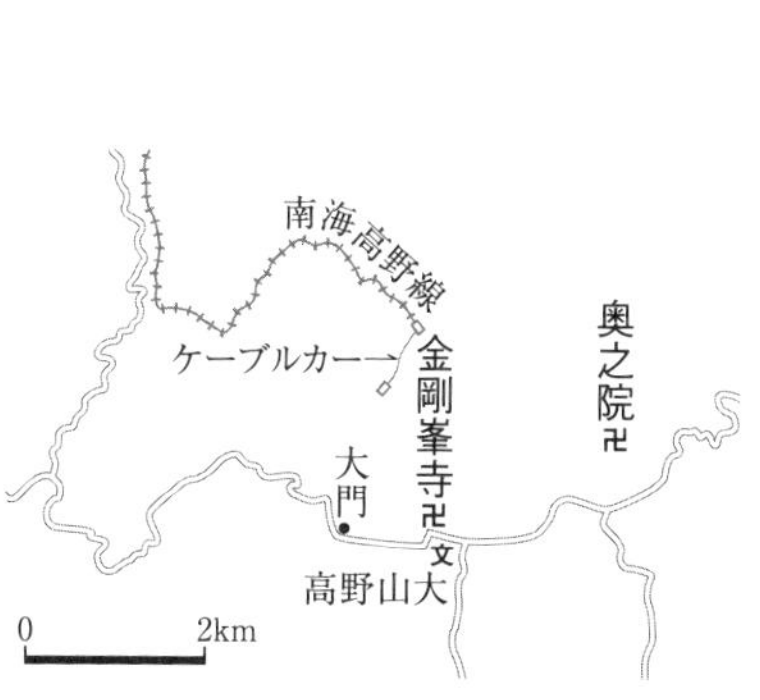

朝日を浴びながら読経に励む僧侶たち

千二百年の歴史が醸し出す霊気に誘われるのか、高野山には外国人観光客が絶えない

山上の東西6キロ、南北3キロの盆地に広がる宗教都市。高野山には大学から幼稚園までが揃っている

に認めるのである。

そして、その一方で、それでもいいのだと彼らは言ってのける。厳密にはいいはずはないが、一般大衆の信心のありようと、空海が説いた真言密教の教えとの乖離をそうしてやんわり押し包んでみせる度量があると言おうか。このように僧侶たちはみな、おおらかに明るく、春秋二回、仏と衆生が縁を結ぶ結縁《けちえん》灌頂《かんじょう》に合わせて緋色の袈裟に身を包んだ山内住職が練り歩く壮麗なお練りの行列のさなか、のどかに私語を交わしていたりするのだから、ほんの少し緩くもある。

現代の高野山では、僧侶たちは真言僧として日々修法に勤しむものの、主眼はほかの宗派と同じく先祖供養や衆生のさまざまな祈願に応えることにある。大阪のターミナル駅で声明ライブを開くなど、布教活動にも熱心である。このように自身の役割についてのこの平明な確信こそ彼らを明るくしている当のものだとすれば、彼らにこうした確信をもたらす真言宗もまた、平成のいま、とにかく明るく風通しのよい相貌をしているということになろう。

「幽地」の原初の姿に迫る

さてしかし、千二百年前の高野山はどんな姿をしていたのだろうか。

今日、高野山の奥之院を埋め尽くす杉の巨木を見上げると、私たちは太古の昔に帰ったような懐かしさを覚える。しかし、実は一番古い杉でも樹齢六百年

結縁灌頂

全ての人間の心に本来備わっている仏の心と智慧を目覚めさせる真言密教の儀式。大日如来を中心に仏の世界を描いた曼荼羅上に、目隠しをしたまま華《はな》を投じ、落ちたところの仏と縁を結ぶ。その後に阿闍梨《あじゃり》の位を持つ高僧が頭に水を灌《そそ》ぐ。高野山では、出家在家を問わず、多くの人々を対象に毎年春と秋の二回行っている。天台宗の開祖の最澄も、空海から結縁灌頂を受けている。

ほどだというから、平安貴族たちが見た奥之院に、いまのような幽玄な杉木立の風景はなかったのである。奥之院のあたりはもともと川の流れる湿地であり、もし草はらに五輪塔や供養塔が並んでいたとすれば、この世の浄土の風景も、いまと昔ではずいぶん表情が違っていたことになる。

また高野の峰々も、空海が歩いていた時代のそれと私たちが今日見ているそれでは、植生が大きく異なっているらしい。学術的には土中の堆積物に含まれる花粉組成から、千二百年前に生えていた樹木の種類を知ることができるそうで、その分野の第一人者である京都府立大学の高原光《ひかる》教授（五九）と、高野山周辺の山に入ってみた。

開創から二百年後の長和年間には、早くも祈親《きしん》上人定誉《じょうよ》によりヒノキの植林が行われた旨の記録があり、山上の景観維持と伽藍が焼失したときに備えて材木を供給するための造林は、国有林を含む山々のほぼ全域に及ぶ。そのなかで奥之院に近い摩尼山《まにさん》にわずかに残る天然林に分け入ると、モミ、ツガ、ミズナラ、イヌブナなどの巨木と実生の幼木が荒々しく折り重なり、天空からわずかに差し込む光が樹林の薄暗さを際立たせていて、空海が見た山はこんなふうであったかと想像させられる。針葉樹と照葉樹の濃い緑に、落葉高木の明るい緑が混じった天然林の姿は、私たちが見慣れている里山の穏やかさからはほど遠いものであり、もちろん急峻な斜面に道はない。八一六年春、西の天野方面から高野山に入ったとされる空海は、その深い藪を掻き分け、もつれ合う枝を払

祈親上人定誉
平安時代中期の僧。十一世紀初め、東寺との主導権争いで劣勢となり、落雷による火事などで荒廃した高野山を再興した。厳寒の高野山で暮らすための履物を発明、全国から浄財を集めた。奥之院の燈籠堂には、祈親上人がささげ、千年近く燃え続けているとされる「祈親燈」がある。

奥之院近くの摩尼山に現れたカモシカ。山をゆく空海の耳にも獣たちの咆哮が聞こえたはずだ

煩悩を焼き浄め参拝者の
祈願を叶える護摩祈禱。
空海の時代の仏教には日本古来の神々への
信仰と同じ効能が期待された

杉の巨木が埋め尽くす奥之院。
空海が辿り着いたときは、杉林はなく沼地が広がっていたという

いながら草鞋の足で進んでいったのだ。

そうして辿り着いた高野の地は、かの嵯峨天皇への上表文に「荒藪《こうそう》を芟《か》り夷《たいら》げて、聊《いささ》か修禅《しゅぜん》の一院を建立せん」とあるように、今日の整然とした杉とヒノキの人工林からは想像できない、草ぼうぼうの沼地だったらしい。まさに「人蹤蹊絶えたり」であり、聞こえるのは草や風の鳴る音と獣の咆哮ばかりだったことだろう。

このように、空海が強く希求した修禅のための「幽地」の原初の姿一つを取っても、今日それを知るのは簡単なことではない。千二百年という年月は、私たちがふつうに想像をめぐらせることのできる範囲をはるかに超えているのであり、だからこそ、私たちはありとあらゆる史料を駆使して千二百年の時空を乗り越え、ときに想像を逞しくしなければならない。空海がその眼で見た風景、その耳で聞いた音、その手で触れたものに近づかなければ、その宗教的直観や信念をつくった身体感覚や思考を捉えられないだろうからである。

その上でひとまず歴史の教科書をひもとけば、空海が生きた八世紀末から九世紀初頭、唐の長安には白居易がおり、半世紀前には李白や杜甫、楊貴妃がいた。イスラムはアッバース朝であり、カロリング朝フランク王国にはカール大帝がいた。

一方、日本は奈良時代後期から平安時代初期にあたる。天皇は光仁、桓武、平城《へいぜい》、嵯峨、淳和、仁明《にんみょう》と続き、都は平城京から長岡京を経て、平安京へ移っ

白居易
李白、杜甫とともに唐代の三大詩人とされる。『白氏文集』は平安文学に多大な影響を与えた。

た。度々皇位をめぐる政変が起こり、敗れた者たちは怨霊となって為政者たちを脅かした。また地方では、豪族や富農による私的な土地所有が興こり、律令国家を支えていた公地公民制度や班田制が揺らぎ始める一方、農村では疲弊した貧農の逃亡や流浪が相次ぎ、さらに辺境では蝦夷の反乱が続くなど、なかなかざわついた時代だった。

　この時代の正史である『日本後紀』は、当時の朝廷が毎日どんな政《まつりごと》をしていたかを克明に記した日誌である。そこには現代人には想像のつかない千二百年前の世相や椿事、社会の動向などがつぶさに記録されており、読物としても途方もなく面白い。さて、それによると当時、日照り、長雨、地震、病気、不作などの不幸が続くたびに、朝廷は亀の甲羅を焼いてその割れ目から国家の大事を占う亀卜《きぼく》を行い、託宣を受け、物忌みをして神々へ捧げ物をしたことが頻繁に記されている。たとえば内裏で物怪が出たといっては僧二十二人を召集して読経させ、後宮で犬が死んだといっては大祓《おおはらえ》をする。これは淳和天皇の厚遇を受けていた空海が、大僧都《だいそうず》として朝廷に出入りしていたころの話である。従ってもちろん空海も、この種の鎮護国家の法会を行っていたのであり、その記録が『後紀』には随所に残されている。律令国家とはいえ、政は依然、大和王権以来の神祇信仰と祭祀に支えられていたのだ。

　この時代から約二百年前に伝来した仏教は、倶舎《くしゃ》・成実《じょうじつ》・律・法相《ほっそう》・三論・華厳の南都六宗が平城京に東大寺や唐招提寺などの大寺院を構え、衆生済度の

日本後紀
古代日本の勅撰史書。桓武、平城、嵯峨、淳和帝の治世を記す。日本書紀、続日本紀、日本後紀、続日本後紀、日本文徳天皇実録、日本三代実録の六つを「六国史」という。

実践よりも大乗仏教の教理研究に勤しむ一方で、朝廷の求めに応じて災禍を鎮め、日照りに雨を降らせ、皇族の病気を平癒させ、国土に五穀豊穣をもたらすための法会を執り行っていた。朝廷は国土と人民の統治のために、国分寺、国分尼寺、定額寺《じょうがくじ》など多くの寺を全国に建てて官僧を養成したが、これは仏教が、共同体のレベルでは日本古来の神々と同じ効能を期待されていたことを意味する。難解な教理とは別次元で、神祇祭祀と重なる呪術的な験力が仏教に求められたのである。

義江《よしえ》彰夫《あきお》東大名誉教授著の『神仏習合』によれば、朝廷や貴族や地方豪族たちはこの時代、私的所有の概念をもたない古代の共同体意識から離れ、所有と支配の意識に広く目覚めたという。このことが罪業の意識を生み、所有はしても喜捨や供養に励めば救われるとする仏の教えに、支配者たちは飛びつくことになった。仏教によって彼らの支配は肯定されたのである。

またさらに、私的所有が農村にも広がるにつれて、土着の神々も仏への帰依を求め始める。かくして雑密《ぞうみつ》の僧たちが諸国で神々を仏道に引き入れ、菩薩にしていったのだが、『後紀』にも、若狭国の比古神に請われて豪族が仏道に入り、この神のために修行して神願寺《じんがんじ》を建立した話が出てくる。同書に散見される八幡大菩薩も、元は八幡大神である。この神仏習合はやがて、神々を仏の仮の姿とする本地垂迹《ほんじすいじゃく》説になってゆく。

では、依然として古代の精神風土のままだったとされる民衆の暮らしは、い

神仏習合
日本古来の神への信仰と、仏教信仰が融合・調和すること。奈良時代には神を仏教による救済対象ととらえ、神宮寺が建てられた。平安時代に入ると、神は仏の仮の姿であるとした本地垂迹説が広がった。

雑密と私度僧
雑密とは、空海が唐で学び、持ち帰った密教（純密）以前の体系化されていない密教。雑密の僧侶は、厳しい山岳修行をし、仏教の呪文を唱え、宗教的な呪力を得て、人々の救済に当たろうとした。国家の許可なく出家した私度僧が多かったとみられている。

ったいどんなものだったのだろうか。『後紀』には病患の使用人を道端に遺棄することを禁止する勅令が出たことや、都の道路の死体を片づけて埋葬したことなどの記述が見られるが、二十四歳の空海が記した『三教指帰《さんごうしいき》』に登場する私度僧、仮名乞児《かめいこつじ》の風体も、当時の暮らしの一端を伝えている。それによると、乞食をするのに必要な木鉢は、割れてつぎ合わせてある。それを袋に入れて左の肘にかけ、右手には数珠。粗末な草履をはき、荷馬をひく索《なわ》を帯にしている。そのあまりのみすぼらしさに、市場にいる乞食たちですら恥ずかしくて下を向く。彼が市場を通ると石が飛んでくるし、渡し場では馬糞を投げられる、とある。これをそのまま若き日の私度僧空海の自画像とするのには無理があるが、空海が歩き、眺め、衆生済度の意思を固くした修行時代の社会の風景は、土埃と垢と汚物にまみれ、生活の喧噪に満ちたものだったのかもしれない。

　とまれ、千二百年前の日本人は、一言で言えば今日とはかけ離れた常識や価値観、世界観をもって暮らしていたのであり、私たちのものの見方では測れないと考えたほうがよい。同じ日本人ではあるが、二十一世紀の眼で平安時代の日本人を思い描こうとすると、多くは過つということである。

三教指帰
空海が二十四歳の時に書いたとされる戯曲形式の著作。放蕩生活を送る貴族の甥を説教しようと、儒教、道教それぞれの立場の人物が登場するが、仮名乞児という仏教僧が両者を論破し、仏教が最も優れていることを主張している。序文では、阿波や土佐での修行の様子や、大学を中退して仏教に帰依した際に親族から大反対されたことなどを、自己紹介している。

第2章　私度僧の時代

官吏への道をなげうって

さて空海の生きた時代、仏教は朝廷が直に管理するものだった。『日本後紀』には、各年の得度者の宗派別の割り当て人数から得度の基準、仏教寺院と僧侶の規律のあり方、はたまた重視すべき経典の種類まで、天皇たちが事細かに勅令を発して関与していた姿が記されている。

たとえば七九八年、桓武天皇は、若年の得度者たちが経典の音読はできても教学が理解できていない現状や、戒律の乱れを逐一指摘して、僧尼を管理する僧綱《そうごう》の監督不行き届きを指弾している。またその翌年には、官職である僧侶が勝手に山林に住み、有力者の求めに応じて呪術を行う者が続出していることを挙げて、国司に実地調査を命じるといった具合である。

八一二年には嵯峨天皇も、僧侶が精進もせずに淫犯をなす者が多いことを挙げて厳しく処断を勅令している。そしてその二カ月後には、重ねて僧侶の犯罪を憂い、僧綱がこれを放置すれば同罪とする旨の勅が発せられているところをみると、国家が養成した僧たちの実態はしばしば目に余るものとなっていて、仏教への信頼を妨げる事態になっていたことが窺える。

それにしても歴代天皇たちの、仏教へのこの認識の高さはどうだろう。とくに桓武天皇は、当時三論宗と法相宗の間で続いていた「空」か「有」かの論争を注視し、学生にはこれにとらわれず両宗を偏りなく学ばせるよう、たびたび僧綱に命じているのだが、仏教の興隆にこころを配る天皇たちの真剣さは、仏教がまさに鎮護国家の要であったことの証だろう。だからこそ、官僧には学問と修行の両輪が厳密に求められたのである。

十八歳の空海が、唐の学制に倣った大学（所在地は平城京と長岡京の両説がある）で、儒学や漢学などを学んでいたのはちょうどこの八世紀の終わりごろである。その有能な青年が、「爰《ここ》に一《ひとり》の沙門有り。余《われ》に虚空蔵聞持《こくうぞうもんじ》の法を呈《しめ》す」という『三教指帰』の有名な序にある通り、ある日どこかの僧から虚空蔵求聞《ぐもん》持法《じほう》なるものを教えられ、官吏への道をなげうって、私度僧となって山林修行に入ってしまった。四国の大滝嶽《たいりようのたけ》（徳島県）を駆けめぐり、室戸崎（高知県）の洞窟に座して百万回の真言を唱えるなど、荒行の日々の始まりである。ちなみにこの「一の沙門」がどこの誰であったのかも、諸説あるが、千二百年の壁に阻まれていまや知るすべはない。

それにしてもこの時代、なぜ山林での修禅が尊ばれたのだろうか。時代を遡ると、大和王権は、未開の古代社会に中国文明を導入する際、同時に日本古来の共同体と文化を維持しようとした。前出の義江彰夫著『神仏習合』によれば、

三論宗と法相宗
中国から日本に伝わった仏教の宗派。倶舎宗、成実宗、律宗、華厳宗と合わせ、奈良時代の代表的な仏教として「南都六宗」と呼ぶ。三論宗は空の思想を根本とし、法相宗は唯識の思想を根本とする。

その結果、穢れと清浄が混在してきた古代社会に、「罪＝悪」「悟＝善」というふうに明確に区分された中国文明を接ぎ木することになり、日本人は「穢れ＝悪」を退けて「清浄＝善」であることを徹底的に追求するようになったのだということ。

一方、日本の山は古来、祖霊の帰ってゆくところであり、神祇のおわすところであり、常世《とこよ》と現世の端境であり、神域であった。それが奈良時代、穢れのない清浄の場として、山はさらに積極的な意味をもつようになったのだろう。国家鎮護のために呪力を求めて山に入った仏教は、神祇と混じり合い習合する一方で、「清浄＝悟」の論理を固めていったのである。

たとえば七九七年、朝廷は僧四人に大和の稲四百束を施した。その理由について、『日本後紀』には「以下其在二山中一、苦行修上道也」とある。ここからは、山林での修禅が僧侶の理想とされる一方で、そんな行を続けることは実際には難しかったことが窺える。

当時、山林修行については厳しい規制があり、僧尼令では山林に居を構えるのは可、山林を移動しながらの修行は不可とされていた。その背景には、七二九年の長屋王の変、七八五年の藤原種継暗殺など相次ぐ政変を受けて、僧と私的に結びつく貴族の監視を強める狙いがあったとされる。とはいえ、法を犯してでも求道のために山林を跋扈する僧はいた。筑波山（茨城県）や磐梯山（福島県）を歩いた徳一《とくいつ》。日光山（栃木県）を開いた勝道《しょうどう》。そして高野山を開いた

虚空蔵求聞持法
無限の智慧と慈悲を持つ虚空蔵菩薩に向け、祈りの言葉である真言を一日一万回、百日間かけて唱える修行。この修行をすれば、あらゆる経を覚え、理解できるとされた。

長屋王の変
天武天皇の孫の長屋王は、律令制度を確立した藤原不比等の死去後に政権を握り、藤原氏をおさえようとしたが、不比等の四子から謀反があると密告され、七二九年、妻子とともに自殺に追い込まれた。その後、藤原家の有力者が相次いで病死し、長屋王の祟りと恐れられた。

藤原種継暗殺
藤原種継は、平城京の仏教勢力の排除を狙う桓武天皇の信任が厚く、長岡京への

空海である。彼らの山林修行を「斗藪《とそう》」という。

古代の山林修行の研究者で長野県岡谷市の平福寺の小林崇仁《そうじん》住職（四〇）によれば、斗藪の由来は古代インドの初期仏教で行われていた「頭陀行」に遡る。インドでは乞食をし、墓地や樹下の静かな場所で座すのが、仏弟子たるものの行とされたのである。それが中国へ伝わり、斗藪と漢訳されて藪を振り払うという意味を帯びると、山林を跋扈して衣食住への執着を絶つことを指すようになった。そこに孔子の清貧思想や道教の神仙説が流れ込み、中国仏教では山林に住んでの「蔬食《そしょく》（菜食）」が流行したとされる。

一方、日本の山林修行では、蔬食はほとんど広まらず、里での乞食行も公に禁止されていた。しかし、困窮者が僧形で物乞いをする例は多く見られたようで、乞食行の僧を民衆が冷たい眼で見ていたことは『三教指帰』にも記されている。そこに登場する仮名乞児は「糧《かて》絶え路迷《みちまど》うて、辱《かたじけな》く門の側《かたわら》に進んで行路の資《たすけ》を乞ふ」とあるので、明らかに物乞いをしていたのだが、山林に入れば「霜を払つて蔬《くさびら》を食《くら》ふ」、「橡《とち》の飯《いい》・茶《と》の菜《な》一旬を給《つ》がず」とあり、いわゆる蔬食をしていたことになる。

とはいえ当時の山林修行者たちの実像は、小林住職によると、仮名乞児のそれとはかなり違ったものであったようだ。たとえば、山林修行といっても一年の半分は各々の所属の寺で学業に励んでいたこと。虚空蔵求聞持法は当時、すでにポピュラーな修法となっていたので、空海の山林での修行には仲間がいた

遷都を主導したが、造営途中の七八五年、暗殺された。事件への関与が疑われた皇太弟の早良《さわら》親王が失脚し、淡路島に配流される途中に死去。その後、桓武天皇の一族らに病死、病気が多発し、疫病、洪水なども起こり、早良親王の祟りだとして、朝廷は鎮魂の儀式を繰り返した。

徳一

奈良時代から平安時代前期にかけて活動した法相宗の僧侶。奈良で学んだ後、磐梯山に慧日寺《えにちじ》、筑波山に中禅寺を開いたほか、東日本に数多くの寺を創建したとされる。どのような人も最終的には仏の悟りを得られると主張する天台宗の開祖の最澄に対し、悟りには段階がありすべての人が成仏できるわけではないと反論した論争で知られる。

可能性が高いこと。また、山林での起居には、近くに食糧の調達ができる寺などが確保されていたらしいこと。このように若手による近年の研究は、旧来の空海像を少しずつ塗り替えつつある。

全身に「明星」が飛び込んできた

ところで『三教指帰』の序で、空海はこの世の無常を感じ、醜い人や貧しい人を見ては前世の業の報いを悲しむ心がやまないと書いた。そして、まさにそれゆえ出家の意志を固くしたというのだが、そうであれば、空海はたんに虚空蔵求聞持法の特別な験力のみを求めて山林修行者になったのではないだろう。後に彼が到達した壮大な大日如来の宇宙から振り返ると、若き空海の求道は南都六宗が究めた唯識や中論などの教学の枠を超え、私度僧や修験者たちの呪術的な山林修行の枠にも留まらない、もっと大きな体系を求めてのものだったはずである。

いったい青年空海は何を求めて山を駆け、虚空蔵求聞持法で何を得たのだろうか。

二〇一三年秋、若き日の空海が虚空蔵求聞持法を修した場所とされる高知県・室戸岬の御厨人窟《みくろど》を訪ねた。千二百年前には、窟の入り口近くまで海が迫っていたらしい。夜明け前、台風一過の満天の星が真っ暗な海に降り注ぎ、聞こえるのは荒波が岩礁に砕ける轟音ばかりという情景がそこにあった。まさに

勝道
奈良時代から平安時代にかけて活動した僧侶。下野国に生まれ、山林修行を続け、日光を開山したと伝えられる。空海は勝道の山林修行の生涯をまとめた碑文を書いている。

『三教指帰』のかの有名な一文「谷響《ひびき》を惜しまず、明星来影す」のままであり、さっきまで空海その人がそこに座していたかのようだった。

　空海が山林や岩窟に身を置いて修した虚空蔵求聞持法は、七一八年に大安寺（奈良県）の道慈が唐から日本へもたらした経典に記されている修法で、一度読んだ経典は二度と忘れない記憶力が身につくとされる。書物が貴重だった時代、僧侶たちが広くこれを修した所以である。

　具体的には、行者は虚空蔵菩薩像に相対し、手に印を結んで、真言「ノウボウ　アキャシャ　キャラバヤ　オン　アリキャ　マリ　ボリ　ソワカ」を百日間で百万回唱える。行は早朝に始まり、一日一万回唱えるのに八～十時間かかるという。

　では、その荒行を達成すれば、ほんとうにそんな超能力的な記憶力が得られるのだろうか。自身も奥駆けをする宗教ジャーナリスト藤田庄市氏（六六）の『行とは何か』は、現代の山林修行である天台宗の回峰行や、堂入りして断食断水不眠で行う十万枚大護摩供で行者の心身に何が起きるのかを追跡、分析した渾身のリポートである。それによれば、まず近代以前の日本人は仏教でいう「色心不二《しきしんふに》」であり、心と体は明確には分離していなかった。苦行によって神仏と合一し、特別な験力を得るという発想が日本の宗教に広く見られるのも、そんな身体観がおおもとにあるということだ。

　そして、山林を跋渉したり岩窟にこもったりするのは、心身の清浄を保ち、

谷響を惜しまず……
谷がこだまを返し、明星が光を放ち体に飛び込んできたの意。修行中の若き空海が四国で体験したことを表わしたもので、仏と感応した悟りの情景といえる。

道慈
奈良時代に主に活動した三論宗の僧。七一八年、唐から三論宗の基本文献を日本に持ち帰ったとされる。平城京の大安寺で学問に励んだ。

舎心ケ嶽に向かうお遍路さん

太龍寺近くの遍路道を歩く著者

太龍寺へ続く道端には、
祈りを込めた小石が積まれている

空海が修行の場として記した大滝嶽は、現在の徳島県阿南市の太龍寺周辺とされる。
舎心ケ嶽と呼ばれる絶壁の上に座す空海像

自然のもつ霊力を借りて行を深化させるためだが、さらに断食や木食によって追い詰められた行者の肉体は、生理的により神秘体験を得やすくなる。行の過程で神仏の姿を見たり、声を聞いたりするのはけっして珍しい話ではないというのである。もっとも、そうした個々の神秘体験は禅定《ぜんじょう》のなかで起こる魔境として最終的に退けられるが、とまれ極限状態の肉体と、果てしなく繰り返される真言の音の物理的刺激は、行者の意識を特別な状態――阿頼耶識《あらやしき》の層にまで連れてゆくのだろうと藤田氏は言う。

そのとき行者が具現する験力は、彼らが神仏と合一して「生き仏」「生き神」になったことに付随するものである。そして民衆は眼の前の「生き仏」を拝む。とすれば、特別な霊験や超能力は、拝む者と拝まれる「生き仏」の相互の交感が生み出すエネルギーの磁場のようなものなのだろう。そうした特別な力の磁場さえ共有することができれば、たとえば雨乞いの祈禱で実際に雨が降るか否かは二の次なのである。

さて、若き空海も自身の肉体を追い詰めながら、虚空蔵菩薩の真言を唱え続けた。そしてついに「谷響を惜しまず、明星来影す」に至るのだが、いったいこれはどういう神秘体験だったのだろうか。高野聖《こうやひじり》や行人《ぎょうにん》の研究で知られる五来重氏は著書『空海の足跡』で、青年・空海の行を「超人間的カリスマを身につけて霊験をあらわすことが目的であった」とするが、空海の求道がそんな次元に留まっていたとは思えない。

天台宗の回峰行
平安時代、比叡山の僧、相応が始めたとされる天台宗の修行。真言を唱え、礼拝しながら、比叡山から京都市内にかけ、毎日約三〇〜八五キロの山道を巡る。七年間で千日の修行を完了、地球一周分の約四万キロを踏破する。修行者は白装束を着て、まだ開いていないハスの花を模したヒノキの笠をかぶり、腰には魔を払う短剣をさす。

魔境
仏の悟りを得ようと、禅定（瞑想）や修行する者の意識に欲望や死への恐怖などの煩悩が生じ、結果として修行者を堕落させるような心理状態。

阿頼耶識
人間の存在の根底に流れる

空海の一生を決定づけたとされる壮大な神秘体験について、全天の星が鳴り響いて岩屋に谺したとか、金星が口に飛び込んできたとか、後世の人びとはあれこれ言葉を弄して、その全貌を摑もうとしてきた。修行の結果もたらされる神秘体験は、つねに行者個人の直接体験であって、他人が追体験することも、正確にその内容を知ることも基本的に不可能なのだが、しかしそれは行者本人にとっても同じである。そもそも言葉でうまく言い表せないからこそ神秘体験なのだし、とくに仏教では、言葉やこころの働きが絶える三昧の手前でさまざまな幻覚が立ち上がってくることも知られている。

自らの決定的な体験について、空海が『三教指帰』にたった一行「谷響を惜しまず、明星来影す」と記しただけだったのは、そういう理由によるものだったと考えられるが、しかし空海は凡百の私度僧ではない。虚空蔵求聞持法を修する過程で自らに起きたことを、魔境として退ける以前に「これはいったい何か」と正面から向き合ったとしたらどうだろう。「これは何か」と問うことは、自らの身体体験を積極的に言葉で捉え直すことを意味する。自らが全身で見、聞き、感じ取った世界の全体像。あるいは身体と世界の区別が消えて、自らが音になり、全天の星になり、金星になっていたことの意義。それらを言葉にせんとする試みは、もちろん既知の法華経や華厳経、唯識、空観《くうがん》などの世界観を総動員しながら行われたはずだ。

意識のことで、経験（果報）を蓄積して心の活動のよりどころとなる。四世紀のインドで成立した仏教の考え方の一つ。

御厨人窟を訪れるお遍路さん。蠟燭に灯をつけて祈り次の礼拝所へ向かう

空海が修行のために籠った室戸岬の御厨人窟。ここから見える「空」と「海」はまさに圧巻だ

仏教的直観を「言語化」するために

では、その試みは成功したのだろうか。『三教指帰』を記した時点では言語化は出来なかったが、この体験こそが空海を本格的に仏教に向かわせたことは、「明星来影す」の直後に続く出家宣言を見れば疑いはない。とすれば空海は、たんに発心したのではなく、明星云々の体験そのものからなにがしかの仏教的直観を得たとは言えないだろうか。室戸岬の体験の時点で、既知の仏教の言葉では捉えきれない地平を垣間見ていた可能性はないだろうか。

たとえば、後に空海が体系化した密教世界では、全天に星が鳴り響く音は大日如来の声であろうし、明星が飛び込んだ空海の全身もまた大日如来そのものであろう。そこで共振するのは人間の言葉を超えた大日如来の言葉であり、法身説法であろう。若き空海自身にどれほどの確信があったのかは分からないが、密教僧空海の原点がこの身体体験だったことだけは間違いないと思う。

『三教指帰』の空海は未だ法身大日如来の意義を摑んでいないが、この「明星来影す」の体験を探求することが、空海が唐に渡って仏教を極める入唐求法《にっとうぐほう》の目的だったとするのは、高野山大学の武内孝善《こうぜん》教授（六四）著『弘法大師空海の研究』などである。

空海が遣唐使船に乗ったのは『三教指帰』から七年ほど後であるが、入唐の目的や経緯については諸説ある。たとえば浄土真宗大谷派の僧侶でもある藤井淳駒澤大学講師（三七）は、空海の著作を総合的に検討した結果、三論宗の僧

法身説法
真理そのものを身体とした大日如来が、悟りを説くという考え。空海が学んだ真言密教の核心の一つ。

侶だったという立場で入唐を捉えている。奈良時代末期、唯識の法相宗と、中論の三論宗の間で続いていた「空有論諍《くううろんじょう》」に決着をつける経論《きょうろん》を求めて、空海はまずは三論宗の僧として入唐したというのである。

　空有論諍は空海の時代の仏教界を席巻した大問題だったので、簡単に触れておく。一般に法相宗、三論宗など顕教では、最高位の真理の境地では心も言葉も絶する〈心言絶〉、もしくは言葉を離れすがたも絶する〈離言絶相〉とする。それゆえ法相宗では、空とも非空とも言えないとする（不可言其空有）一方、三論宗は、心言絶ゆえに空に非ず有に非ず（非空非有）とする。

　一般人には微妙すぎる論点に思えるが、法相宗は唯識を旨とするゆえに、また三論宗は一切皆空を旨とするゆえに、有るや無しや、不空か非空かという点にかけては互いに譲るすべがない。長引く論諍に解決の兆しは見えず、『日本後紀』には、朝廷までが両者の論諍に再三苦言を発していたことが記されている。

　もっとも、仮に空海が三論宗の僧であったとしても、「明星来影す」はもはや「空有」の論争など超えた圧倒的な神秘体験だったはずだし、その御厨人窟での体験以降、空海の頭のなかはなにがしかの宇宙的直観でいっぱいだったことだろう。そしてその先に、運命の入唐があったのである。

国家仏教の成立と空海

七一〇年　平城京遷都
七二九年　長屋王の変
七四一年　国分寺建立の詔
七四三年　東大寺大仏造立の詔
七五二年　大仏開眼供養
七五九年　鑑真、唐招提寺を創建
七六五年　法相宗の僧・道鏡が太政大臣禅師に
七七〇年　道鏡失脚
七七四年　空海生まれる
七八一年　桓武天皇即位
七八四年　長岡京遷都
七八五年　遷都の指揮を執った藤原種継の暗殺
七九一年　空海、大学へ入学、その後、虚空蔵求聞持法を教示され山林修行に
七九四年　平安京遷都
七九七年　空海『聾瞽《ろうこ》指帰《しいき》』（後の『三教指帰』）を著す

第3章　入唐

狭き門をくぐり波濤を越え

千二百年前の日本の為政者や僧侶たちにとって、中国はどれほど遠く、大きく、偉大な異国であったことか。明治期にも日本人は近代化のためにこぞって洋行したが、最先端の文明への情熱においては遣唐使のほうがはるかに上をゆく。

六〇七年には聖徳太子が遣隋使を大陸に派遣し、八三八年の最後の遣唐使まで、日本は中国との朝貢外交を進める傍ら、統一国家の基盤づくりのために国をあげて中国の統治機構や知識、技術、文物の導入に取り組んだ。当時は造船技術も航海術も未熟で、難破や漂流は珍しくなかったにもかかわらず、多いときには一回に六百人以上が大陸へ派遣された。『日本後紀』によれば、出発前には天皇が大使、副使を宮中に招く餞《はなむけ》の宴を賜り、一行が帰国した際には大使の上表もあった。まさに国家事業であり、国づくりの情熱と世界最先端の知識への憧憬が呼応し、爆発した時代であったと言える。

国家鎮護の法として常に最新の経典の摂取が求められた仏教でも、六世紀の仏教伝来以降、多くの僧が求法のために入唐した。南都六宗の経典や教学はも

役小角
七世紀の宗教者。呪術にたけ、修験道の始祖とされる。大阪府と奈良県の境にある葛城山を本拠とした。役行者とも呼ばれる。

円仁
九世紀に活躍した天台宗の

ちろん、役小角《えんのおづの》が用いた『大孔雀明王経』や若き空海が行じた虚空蔵求聞持法などを説く密教経典や儀軌も、彼ら留学僧によって伝えられたものである。また、新しい教えを求めて空海と同じときに入唐した最澄も、最新の天台教学や達磨禅を日本に持ち帰っているし、その後継者円仁は、最後の遣唐使船で入唐して九年を現地で過ごした末に、密教の金剛界、胎蔵界、蘇悉地《そしつじ》の三部を大法とする教説を請来して天台密教を確立した。

とはいえ空海の時代、ときの桓武天皇が派遣した遣唐使船の出発が八〇四年。その前の派遣が七七九年。最後となる次の派遣が八三八年なので、いずれも二十年以上間隔があいている。私度僧であった空海が、自身の年齢を数えながら一日千秋の思いで入唐の機会を窺っていただろうことは想像に難くない。

当時、狭き門の留学僧がどのように選抜されたかは、史料が現存しないため不明であるが、空海が「福州の観察使に与へて入京する啓」(『性霊集』)に「時に人に乏しきに逢つて留学の末に簉《まじ》はれり」と書いていることから、遣唐使にたまたま欠員があったとする説もある。

八〇三年もしくは八〇四年、空海は留学僧になるために三十歳か三十一歳であわただしく得度し、官度僧になった。その際、なにがしかの有力者の推挙や後援を得て留学費用を工面したと言われているが、詳細は分かっていない。

八〇四年七月六日、大使の藤原葛野麻呂《かどのまろ》率いる遣唐使船四隻が肥前国田浦(長崎県と佐賀県の両説がある)を出航した。この航海の顛末を記した『日本後

僧侶。下野国(栃木県)に生まれ、比叡山(滋賀県)で、天台宗の開祖の最澄に学んだ。八三八年に唐に渡り、長安で密教の金剛界、胎蔵界、蘇悉地の三部大法を伝授され、八四七年帰国。天台密教の基礎を築き、第三世天台座主となった。『入唐求法巡礼行記』は、唐での生活を克明に描いた日記。死後、慈覚大師の名を贈られた。

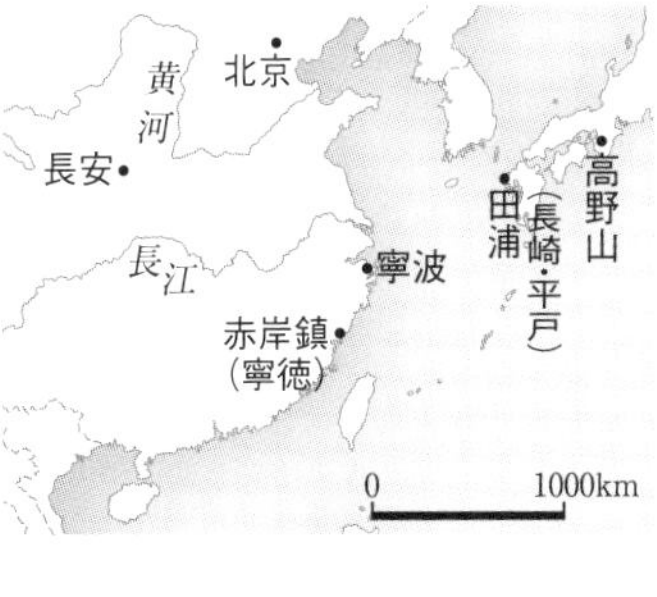

紀』によると、翌七日には二隻が行方不明になり、大使と空海の乗った船は三十四日間漂流した。この間の生きた心地のしなかった状況について、空海も「大使、福州の観察使に与ふるが為の書」（『性霊集』）に「浪に随つて昇沈し、風に任せて南北す。但天水の碧色のみを見る。（中略）水尽き人疲れて、海長く陸遠し」と書いている。

そして八月十日、空海らの船はついに福州赤岸鎮《せきがんちん》（現在の中国福建省寧徳市）に漂着した。当地の写真を見ると、背後に低い山影があるばかりの、渺々とした遠浅の入江である。ちなみに最澄の乗った船は、さらに遅れて九月一日ごろ、約四三〇キロ北の明州寧波《ニンポー》に着いている。

ところで九世紀、唐では遣唐使のような外国の朝貢使節団に対してさまざまな厚遇が与えられていたが、それは行く先々で役所を通さなければ物事が進まないことを意味する。八〇四年八月、福州赤岸鎮に漂着した空海の一行は、『日本後紀』によれば、地元の役所が上陸許可を出さないまま四十五日間も留め置かれた後、役所の命により十月三日に福州馬尾港へ廻航した。しかしそこでも、大使藤原葛野麻呂の書状は福州長官に受理されず、窮した大使は空海に代筆を依頼する。

そのときの名文「大使、福州の観察使に与ふるが為の書」を見ると、空海は「伏して惟《おもんみ》れば大唐の聖朝」云々と相手をもちあげ、その大唐への朝貢のために派遣された自分たち遣唐使の航海の苦労を並べた上で、それなのに福州で自

蘇悉地（経）
空海が唐から持ち帰った胎蔵界（大日経）、金剛界（金剛頂経）の両部に加え、その後入唐した円仁ら天台僧が重要視した密教経典。

寧波
唐代から日本と由縁の深い町で、宋代以降も仏僧が数多く遊学した。天童寺や阿育王寺が有名。日明貿易では日本の指定港となった。

分たちが受けた不当な扱いを嘆き、最後に「願はくは遠きを柔《なつ》くるの恵みを垂れ」という懇願に出る。なんという能弁だろうか。おそらく半分は空海個人の文才であり、半分は嘆願や懇願のための書状の、中国で理想とされる形式を踏襲したと考えられるが、現代の感覚とは相いれない美辞麗句が満載である。

　とまれ、この書はめでたく福州長官に受理され、同時に空海は自身の入京を乞う「福州の観察使に与へて入京する啓」を書いて、大使一行とともに長安へ旅立った。ちなみに福州と長安を結ぶルートの記録は現存しないが、一九八四年に日中共同で調査した結果、二四〇〇キロに及ぶルートの全容が解明され、要所に記念碑が建てられて今日に至っている。

　その調査を主導し、自身も二十回以上同ルートを踏破している静慈圓《しずかじえん》高野山大学名誉教授（七一）によれば、まず馬尾港から閩江《びんこう》、建渓を船で遡る。浦城に至って陸路となり、唐代の官道にあった二十八都鎮に入り、そこから難所仙霞嶺の山脈を越えてゆく。途中、いくつかの古刹に立ち寄りながらも、『日本後紀』に「星発星宿、晨昏《しんこん》兼行」とある強行軍だった。

　仙霞嶺を越えて江山に至り、そこからは水路で杭州、蘇州、鎮江、揚州へと進み、開封から陸路長安を目指した。途中、インド僧善無畏《ぜんむい》や金剛智が活躍した洛陽を経て十二月二十三日、空海と大使一行はついに長安に入る。日本を出発してからほぼ半年。文字通り命をかけて海を渡った空海が見た長安の風景は、どんなものだったのだろう。

星発星宿
星とともに出発し、星とともに泊まり、朝から暮れまで休みなく進んだ、の意。

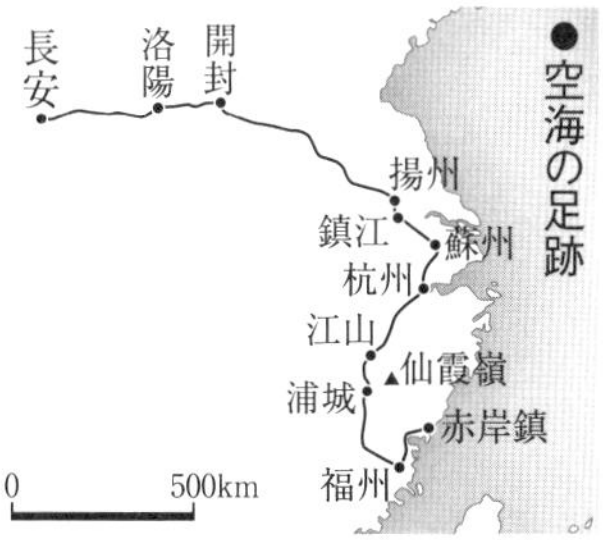

再現された遣唐使船。
この小さな船に百人余りが乗り込んだとも言われる。潮まかせ風まかせ、まさに命がけの渡航だった

青龍寺の空海記念碑のそばで手を合わせる僧侶。
空海が密教を授かった長安の青龍寺は、千二百年前とは違う場所で再建された

唐の都・長安は現在の西安市。中心部に高層ビルが立ち並ぶ街並みから中国の経済発展ぶりが窺がえる

唐代の都市研究の第一人者、妹尾《せお》達彦中央大学教授（六一）の『長安の都市計画』によると、唐の滅亡後、長安（現在の西安）の中心だった大明宮《たいめいきゅう》の跡地は、二十世紀までほぼ荒野に還っていたという。そこに人の営みが戻るのは、日中戦争の折、敗走する国民党軍が日本軍の進撃を止めるために黄河の堤防を決壊させ、行き場を失った河南省の住民の一部が大明宮跡地に住み着いて以降のことだというから、さすが中国、有為転変も壮大である。

近年、西安では唐代の遺構や遺物が次々に発掘されており、千二百年前の長安の姿が徐々に明らかになってきている。八世紀前半の長安の人口は約七〇万人。世界最大の国際都市である。北方遊牧民や西アジアから、シルクロードを伝って農産物、衣服、工芸品、芸術、遊戯、椅子とテーブルの生活スタイルなど、ありとあらゆるものが流れ込み、漢民族の文化と混交した。また、辺境地域では安史の乱や黄巣《こうそう》の乱など、地方軍閥の伸長があり、国力の最盛期は過ぎていたものの、逆に行財政の仕組みが改良され、物流システムが整備されて商業圏が拡大し、庶民が台頭し都市文化が爛熟した時代だった。

近年の研究に基づいて、『長安の都市計画』に活写されている当時の長安の風景を簡単に引いてみる。長安の東西の城壁にある城門のうち、円仁がくぐったのが東の春明門だったことは自身の著書『入唐求法巡礼行記』にも記されている。幅二三・六メートルの巨大な楼閣だったそうだ。そして空海も、その同じ門をくぐった。十七世紀の『高野大師行状図画』親王院本には、宮廷から贈

安史の乱
唐の時代の七五五年、貿易で力を持ち、地方を防衛する「節度使」の官職を得た西域出身の安禄山が、盟友の史思明らと起こした反乱。

黄巣の乱
八七五年、国家財政の悪化に伴う塩の値上げに反発した民衆が挙兵し、黄巣をリーダーに各地で約十年間続いた反乱。唐王朝の弱体化が進んだ。

られた馬を連ねて入城する空海ら遣唐使の行列が描かれている。空海はその馬上から、いまも西安にそびえたつ高さ六四メートルの大雁塔《だいがんとう》を仰いだことだろう。玄奘三蔵《げんじょうさんぞう》がインドから請来した経典の数々がそこにあることを、知識に貪欲な空海が事前に聞き及んでいなかったはずもない。

その春明門を抜けると、西へ延びる城内の幹線道路となり、初めに現れるのは東市の官僚街である。地方の役人や旅客が泊まる旅館街があり、高級料亭や遊郭がある。城内でもっとも繁華な盛り場であり、商いの中心である。また、国の中枢が置かれた大明宮の周囲には高官や宦官《かんがん》の邸宅が連なる。ちなみに長安での円仁の逗留先は、この東市に近い寺だったとされる。

そして、さらに西へ進むと庶民や西域の商人が行きかう西市となり、そこには多くの商店、食堂、両替商、宝石商などが軒を連ねている。道路を行くラクダやラバや馬がおり、碧眼の西域人がおり、商人たちの声が飛び交う。欲望と喧噪と活気に満ちた、まさに世界の中心の生活風景である。

円仁の研究者でもあった元駐日米大使の故エドウィン・O・ライシャワー氏の『円仁　唐代中国への旅』によれば、八世紀半ば、王朝は道教に傾いて仏教を排斥しつつあった反面、社会には仏教が広く浸透し、庶民は信仰心の厚い暮らしをしていたということだ。

ところで、円仁の『巡礼行記』が、期せずして世界史的にも貴重な第一級の歴史資料となっている一方で、空海はその耳目を捉えたはずの中国大陸や長安

宦官
去勢した男性官僚で、宮中に仕える。厳しい資格試験の科挙以外の方法で、高級官僚になるには、宦官になるしかなかったという。

道教
中国漢民族の伝統宗教。古来の通俗的な民間信仰が、老子や荘子の思想によって、体系化され、儒教や仏教の影響も受けて発展した。不老不死や現世利益が目的。

●空海入唐時の長安城

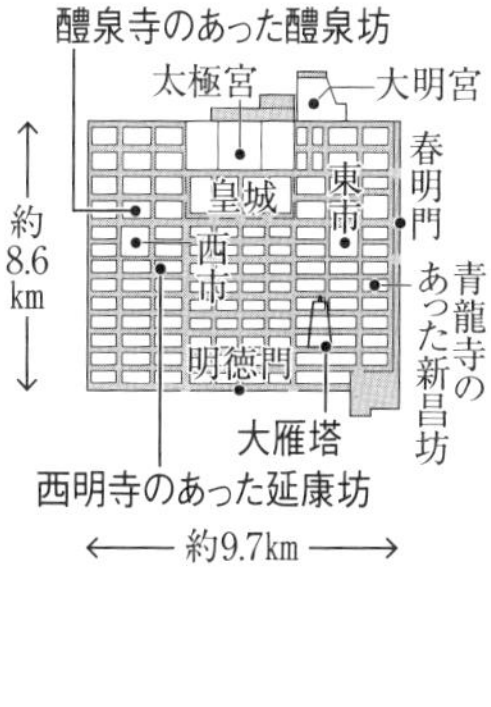

静慈圓・高野山大学名誉教授の資料から作成

青龍寺にある恵果と空海の像。異国の僧が後継者に指名されたのは運命と言うほかない

青龍寺で勤行する僧侶たち

の風物について、ほとんど何も書き残していない。名文家空海にしては、不思議なことである。もっとも、ついに入唐の夢を果たした三十代前半の青年僧の心身に、唐の風景や文物が何も響かなかったはずはないとすれば、空海はむしろ、あえて個人の感動や興奮を封じ、求法以外には眼を向けないようにしたのかもしれない。空海には、そんな堅苦しい一面もある。

密教の発想と曼荼羅への衝撃

明けて八〇五年二月、帰国の途に就いた大使一行と別れた空海は、長安の西《さい》明寺《みょうじ》に止宿し、五月まで当地の醴泉寺《れいせんじ》でインド僧般若《はんにゃ》三蔵及び牟尼室利《むにしり》三蔵からサンスクリット語やバラモンの教えを学んだとされる。

八世紀以降、唐では善無畏による『大日経』の漢訳に続いて、金剛智が『金剛頂経』を漢訳し、その弟子不空三蔵は玄宗・粛宗・代宗の三代の皇帝に仕えて「国師」と称えられた。こうしてインドから伝えられた仏教の新しい潮流である密教は、唐において宮廷宗教となり、大いに隆盛を誇っていたのだが、空海が長安で出会うのは、その不空の弟子恵果《けいか》阿闍梨である。

当時、各国の学僧たちが高名な恵果を訪ねて青龍寺《しょうりゅうじ》に集まってきていたというが、空海も止宿先の西明寺の仲間に誘われて出かけていった一人だった。このとき恵果が初対面の空海に言ったとされる有名な言葉が空海の著作『請来目録』にある。曰く「我、先より汝が来ることを知りて、相待つこと久し。今日

玄奘
七世紀の中国・唐の仏教僧。陸路インドに入って各地の寺院を訪れ、経典などを持ち帰り、大般若経はじめ一三三五巻を漢訳した。玄奘がもたらした経典や注釈書を基に、法相宗が開かれた。旅行記『大唐西域記』を著し、小説『西遊記』のモデルとなった。玄奘三蔵、三蔵法師とも呼ばれる。

阿闍梨
密教では広く大日如来、諸仏、菩薩をも指すが、一般には修行と学問に優れ、高い徳を持った偉大な師匠のこと。日本では位や職名として用いるようになった。

＊密教の継承者
インドで生まれた密教の正統な系譜は、①大日如来↓②金剛薩埵《こんごうさった》↓③龍猛《りゅうみょう》↓④

相見《まみゆ》ること大いに好し、大いに好し」。

これについては、凡百の僧ではなかった恵果がほんとうに神通力で未来を予知していた可能性もあるが、中国人らしい歓待の世辞であった可能性もないことはない。空海が記した恵果とのやり取りには、後者ではないかと思われる言辞が随所に見られるが、空海と恵果の劇的な出会いは、事実と物語、感嘆と世辞、現在と未来などの境目がない唐代の中国人の言語感覚によって、いっそう豊かに彩られてきたのだと思う。

とまれ、インドから中国に伝わった密教には、善無畏が伝えた『大日経』系と、不空が伝えた『金剛頂経』系の二系統がある。その胎蔵と金剛の両部に通じ、これを統合したのが恵果だった。その恵果が、両部の大法を伝承すべき弟子として初対面の日本人僧空海に白羽の矢を立て、六月には胎蔵界の灌頂を、七月には金剛界の灌頂を、八月には阿闍梨位の伝法灌頂を、矢継ぎ早に行ったというのである。このとき、「早く郷国に帰りて国家に奉り、天下に流布して蒼生の福を増せ」(『請来目録』)と空海に遺言したのも、この機を逃せば正嫡の法が絶えるという切迫した状況にあったためだとされているが、とまれ千人以上の門下のなかで両部の大法を相承したのが最終的に空海一人であったという事実は、まさに運命、もしくは奇跡と呼ぶ以外にない。

一方、「肘行膝歩《ちゅうこうしっぽ》して未だ学ばざるを学び、稽首接足《けいしゅせっそく》して聞かざるを聞く」という『請来目録』の上表文からは、密教の秘儀に触れて一気に大日如来の宇

龍智《りゅうち》→⑤金剛智→⑥不空→⑦恵果→⑧空海とされ、「付法の八祖」と呼ぶ。大日如来、金剛薩埵は実在する人物ではない。一方、密教を伝え、広めた祖師を「伝持の八祖」といい、①龍猛→②龍智→③金剛智→④不空→⑤善無畏→⑥一《いち》行《ぎょう》→⑦恵果→⑧空海を指す。密教が唐に伝えられた際には、金剛智や不空の金剛頂経系、善無畏の大日経系の二つの流れに分かれていたが、恵果が統合した。

＊冒地の得難きには非ず此の法に遭ふことの易からざる也
唐に渡り、師の恵果から密教を授かった喜びを表現した空海の述懐。悟りを得ることが難しいのではない。密教の法に出会うことが難しいのであるの意。

玄奘がインドから持ち帰った経典などを
収めるために建立された大雁塔

「書聖」と称えられた空海を知ってか知らずか、街路で書の練習に励む西安市民

宙へと開眼した空海の、興奮と情熱が伝わってくる。それが証拠に、同じ上表文で「密蔵の宗これより帝と称せられ、半珠の顕教は旗を靡《なび》かして面縛《めんばく》す」として、顕教に対する密教の優位を早々と宣言してみせてもいる。

また、胎蔵・金剛の両部を受け継ぐとは、大日如来の絶対の慈悲を説く『大日経』と、大日如来の完成された智慧を説く『金剛頂経』の二つが一つに止揚されることを意味する。理の大日如来と智の大日如来、『大日経』の胎蔵界と『金剛頂経』の金剛界といった二元論が一つに止揚されて、理智不二、両部不二となるのである。

このように密教において二つが一つに止揚され得ることに、空海はひとまず衝撃を受けたのではないか、と前出の駒澤大学の藤井淳氏は言う。あれかこれかと争うばかりで決着がつけられなかった母国の空有論諍を振り返るとき、そこにはなかった止揚という発想こそ、長安で空海が密教に見いだした衝撃の一つだったというのである。これは、論諍を知っていた日本僧空海を前提にすると、なかなか説得力がある。

ちなみに空海が長安で出会った密教の衝撃の二つ目は、もちろん曼荼羅だろう。母国の顕教では、仏の智慧は心言絶だの離言絶相だのと言われてきたが、密教は違った。『請来目録』には、「真如は色《しき》を絶すれども、色を待つてすなはち悟る」「密蔵深玄にして翰墨《かんぼく》に載せ難し。更に図画を仮りて悟らざるに開示す」という恵果の言葉も記されているが、実際、青龍寺をはじめ唐の各地の寺

顕教
空海は、法相宗など従来の大乗仏教を「顕教」とひとくくりに呼び、密教と明確に区別した。言葉だけでは語り尽くせない真理を、大日如来が直接解き明かすのが密教である、と主張した。顕教の経典では、悟りを開くまでに途方もない時間が必要としているが、密教はいま生きているままで悟りを開くことができるという「即身成仏」の立場をとっている。

止揚
矛盾する概念をさらに高い段階に統一すること。

色
仏教の「色《しき》」とは単なるカラーではなく、色・姿・形・物質をさす。

で壮麗な曼荼羅や仏画を目の当たりにした空海は、色を待って悟るとする恵果の言葉を実感していたに違いない。そうして仏の智慧なるものが「心言絶」の先へ開かれ得ることを直観したからこそ、大日如来の法身説法というアイデアや、真言陀羅尼は大日如来であり真如であるとする宇宙観へつながっていったのだと思う。

それにしても『請来目録』を見れば、恵果がありとあらゆるものを正嫡の弟子、空海に与えたことが分かる。新訳の経二四七巻、梵字真言讃など四四巻、論疏《ろんしょ》章など一七〇巻、仏像、新たに絵師に描かせた各種曼荼羅一〇鋪、五鈷杵《ごこしょ》など九種の法具、さらに正式に法を伝授した証として、金剛智→不空→恵果と相伝されてきた八種の道具、恵果自身の袈裟や供養鋺《わん》なども与えている。

その返礼に空海は恵果に袈裟を贈り、「青龍の和尚に衲《のう》の袈裟を献ずる状」（『性霊集』）を記しているが、そこに「三密を一法に朗らかんじ、十地を一生に究むる」という表現が出てくる。また『請来目録』には「定を修するに多途にして、遅あり速あり。（中略）頓《とん》が中の頓は密蔵これに当れり」という表現もある。これらはまさに後の著作『即身成仏義』を彷彿とさせる。

さらに「法は本より言《ごん》なけれども、言にあらざれば顕はれず」という表現は「それ如来の説法は、必ず文字に藉《よ》る」という著作『声字《しょうじ》実相義』に通じるだろう。してみれば空海は、長安ですでにその思想の基礎を固めていたということになろう。

即身成仏義、声字実相義
空海の思想を解説した著作。真言密教の教義の核といえ、『吽字義《うんじぎ》』と合わせて三部書という。『即身成仏義』では、この身のままで大日如来と一体となり、仏になれることを説く。『声字実相義』では、それまでの仏教で普遍的な真理は言葉で表現できないとしていたが、真理は声や文字にこそ表れると主張している。

唐で空海が衝撃を受けた色鮮やかな曼荼羅。中心には大日如来が描かれている

高野山の根本大塔内には、本尊の大日如来を四仏が取り囲み、
柱に描かれた十六大菩薩とともに立体曼荼羅を構成している

従来の定説では、空海は密教をより深く学ぶために入唐したとされてきたが、「福州の観察使に与へて入京する啓」と『請来目録』の上表文を比べてみると、福州上陸直後に書かれた前者は、ただただ学びに来たという曖昧な書き方であり、そこには「密蔵」の文字もない。とすれば、空海はやはり、長安に来てインド伝来の密教に触れたときに、日本で眼にしていた『大日経』の意味に初めて気づいたと見るべきだろう。もちろん、般若三蔵や恵果との邂逅が速やかに密教世界の感得へとつながった背景には、かの室戸岬の「明星来影す」の神秘体験があったはずである。

滞唐二年、見るべきものは見つ

さて、運命の邂逅から半年、恵果阿闍梨はついに十二月十五日入滅し、空海の入唐求法の旅は、突然帰国に向けて走りだす。

近年の研究が描き直す人間空海の実像は、生真面目で合理的な実務家のそれである。たとえば、わずか二年余りの唐滞在であったとはいえ、その気になれば世界一の大都市長安で触れた事物についてあれこれ書き残すこともできただろうに、仏教を学ぶ時間を惜しんだのか、個人的な雑文は一つも残していない。後年、天台僧円仁が長大な『入唐求法巡礼行記』を記したのとは大きな違いである。

恵果の入滅から間もない八〇五年十二月末、もしくは翌年一月初め、日本か

入唐求法巡礼行記
最後の遣唐使となった円仁の、九年半に及ぶ求法の旅の隅々を記した日記。日本人による初めての本格的旅行記として著名。

ら予定外の遣唐使高階遠成《たかしなのとおなり》の一行が長安に入るやいなや、留学期間二十年と定められていたにもかかわらず、空海はすかさず「本国の使に与へて共に帰らんと請ふ啓」(『性霊集』)をしたためて帰国を遠成に申請する。曰く、「十年の功、これを四運に兼ね」三密の教えを体得したので、これを携えて天皇の命令に応えたいというのだが、前後して書かれた恵果への碑文には、恵果入滅の当夜、空海の夢枕に立った恵果が、おまえは早く日本へ帰れと空海を急かしたという挿話も記されている。これも、帰国に向けた入念な布石の一つだっただろう。自身の年齢を考えると、この機を逸するわけにはいかないという空海の判断は結果的に正しかったのだが、それにしても断固とした帰国の決意の下には、学ぶべきものは学んだ、これ以上長安に留まる理由はない、という合理的な判断があったに違いない。

　そして八〇六年三月、空海は遠成の一行とともに長安を発つ。途中、越州に四カ月滞在し、そこでは「越州の節度使に与へて内外《ないげ》の経書を求むる啓」(『性霊集』)を書いて、自分はもう財も底をついて書写のための人を雇うこともできないが、まだまだ日本に持ち帰るべき経・律・論・疏や卜占、医学書等々があるので、それらを「遠方に流伝せしめよ」と懇願している。実に最後の最後まで仕事一筋であるが、こうした空海の行動力を支えていた宗教的確信の強さを見ても、空海という人間が「思い込んだら一直線」で、目的のためにはどんな労苦も厭わない、息苦しいほど生真面目な堅物であったという想像が働く。

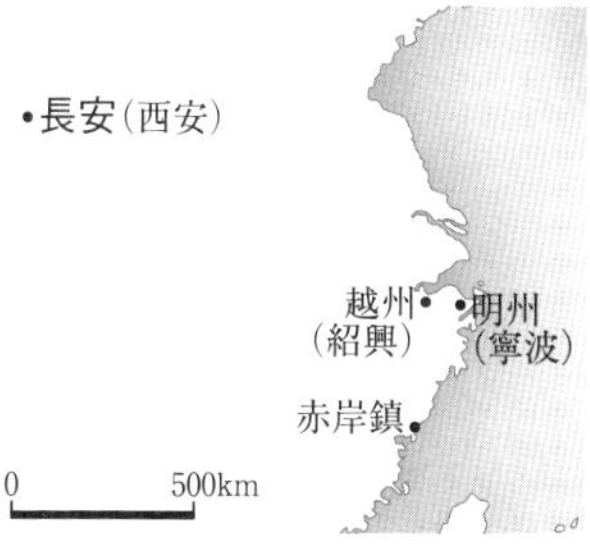

とまれ、こうして空海は実に大きな宗教的果実と確信を得て八〇六年秋、九州博多津へ帰着する。

最澄（七六七〜八二二）

天台宗の宗祖。天台教学に傾倒し、比叡山に入り修行に励んだ。還学《げんがく》（短期留学）僧に選ばれ、留学（長期留学）僧の空海とともに八〇四年遣唐使船で入唐（空海とは別の船）。天台、密教、禅などを学んで翌年に帰国した。桓武天皇の信任が厚く、八〇六年天台宗が公認された。自身が取得した密教の不十分さを痛感し、空海に経典を借りるなど交流。空海から結縁灌頂も授けられたが、望んだ伝法灌頂は受けられなかった。没後、「伝教大師」の号を贈られた。

空海帰国前後の動き

八〇四年　空海、最澄が遣唐使船で渡唐
八〇五年　最澄、唐より帰国
八〇六年　一月、天台宗公認

第4章 空海、表舞台に躍り出る

最澄との埋めがたい溝

「今すなはち一百余部の金剛乗教、両部の大曼荼羅海会《かいえ》、請来して見到せり」

「空海、闕期《けつご》の罪死して余ありといへども、竊《ひそか》に喜ぶ、難得の法生きて請来せることを」

八〇六年に帰国した空海が朝廷に提出した『請来目録』の上表文は、これだけの貴重な経典類を持ち帰ってきた上に、胎蔵界・金剛界両部の密教のすべてを相承した自分であれば、すぐにでも入京を許されるはずだという自信に満ち溢れている。ひとたび宗教的確信を得たのちは、屈折も恐れも消え失せ、ひたすら前進あるのみの境地になるのだろうか。加えて、一足先に帰国した最澄の活躍を伝え聞いていたとしたら、なおさら逸る気持ちもあったかもしれない。

しかし、空海の当ては外れた。結局、そのまま約三年間も九州に留め置かれることとなったのは、桓武天皇が崩御して平城《へいぜい》天皇が即位したことや、かつて空海の後ろ盾でもあった伊予親王の政変があったことのほかに、京ではすでに最澄が内供奉十禅師《ないぐぶじゅうぜんじ》の一人として重用されていたことから、朝廷は無名の一留

される　五月、平城天皇即位　十月、空海、唐より帰国、大宰府に留まる

八〇九年　四月、嵯峨天皇即位　七月、空海に入京の許可　八月、空海、高雄山寺に入る。最澄が経典の借覧を申し入れる

八一〇年　薬子《くすこ》の変。この頃空海が東大寺別当に就任したか

八一一年　空海、乙訓寺《おとくにでら》別当に就任

八一二年　十一月、空海、最澄らに金剛界結縁灌頂を授ける　十二月、最澄らに胎蔵界結縁灌頂を授ける

内供奉十禅師
宮中で天皇の看病や仏事に当たる僧職。定員は十人。

学僧空海の処遇を決めかねたのだとも言われている。

その九州での空海の消息を伝える直接史料は残っていないが、後年の書簡を集めた『高野雑筆集』のなかの一筆に、「大唐より請来するところの経論等、その数稍《やや》多し。数本を写し取りて、普《あまね》く流伝を事とせむと思《おも》顧ふ。是の故に鎮西府（大宰府）に在りし日、敢へて以て紙筆等を干《もと》め祈《ねが》ふ」という一文がある。これが書かれた八一五年には、東国の僧の徳一や広智にも、書写への協力を請う旨の書簡を送っているので、帰国から八年経ってもまだ書写の作業が続いていたことが分かる。空海は九州滞在中も経典類の書写を通して方々と交流があったようだ。

また、九州に留め置かれた三年間に、空海は持ち帰った経典の研究を通じて密教の理解をさらに深めることとなったのは間違いない。『請来目録』では、「（密教を）天下に流布して、蒼生の福を増せ、然ればすなはち四海泰《やす》く万人楽しまん」という恵果の言葉とともに、三劫という無限に長い期間修行して悟りに至ると説く顕教と、十六大菩薩の即身成仏を説く密教を並べて、「豈《あに》この蔵に過ぎんや」と高らかに宣言している。

そうした成仏の遅速を超えてさらに密教を究めてゆく過程で、空海は基本的には旧来の顕教の視点から密教という新しい教えに比較検討を加えていった。その教相判釈《はんじゃく》の成果は、初期の著作『弁顕密二教論』に見ることができる。そこでは、顕教の仏身が衆生の能力に合わせて法を説く（他受用・応化身）のに

教相判釈
経典の解釈。

自内証
自らの悟りを自ら味わうこと。

和気氏
地方の豪族だったが、八世紀半ばに和気清麻呂が中央に出仕、平安京遷都を提唱

対して、密教の仏身は自らの悟りを享受し、自らその境地を解き明かす（自受用・法性仏）とされ、いよいよ法身説法が登場する。

しかし、本来かたちもなく言葉で言い当てることのできない法身が、いかにして説法するのか。そもそも悟りは言葉の絶えた境地ではなかったのか。種々の経典を引用しながら空海は、悟りを言葉にできない顕教に比して、密教は法性仏が自内証の智慧を語るのだ、だから顕教より優れているのだと、ある意味強引に論理を飛び越えるのである。これも唐で得た宗教的確信の凄さというものであろう。

一方、同時期に入唐し、帰朝した最澄は、同じように密教の一端に接しながら、空海のような論理の超越には至らなかった。では密教は、最澄に何をもたらしたのだろうか。入唐前、最澄は清僧として比叡山にこもる傍ら、南都六宗に批判的だった和気《わけ》氏と桓武天皇の後ろ盾を得て天台教学の研究に励んでいた。従って入唐の目的も、本家本元で天台教学を樹立した智顗《ちぎ》の教えを学ぶことにあり、唐では天台宗第七祖道邃《どうすい》の弟子になった。

帰国前の一カ月間は、越州で順暁《じゅんぎょう》から密教を学び、灌頂も受けたが、残念ながらそこで相承したのは「毘盧遮那《びるしゃな》如来三十七尊曼荼羅所」（『顕戒論縁起』）とあるように、金剛界曼荼羅が表す一部分の教えでしかなかった。それでも、最澄は帰国後すぐに入京、請来目録を朝廷に提出した後、高雄山寺（京都府・神護寺）などで灌頂も行っている。鎮護国家の法として、天皇や皇族の病気平癒

するなどして地位を確立した。私寺として高雄山寺を建立。その子の広世《ひろよ》も官僚の道を歩み、最澄の後援者となった。広世の弟の真綱《まつな》、仲世《なかよ》の二人は空海から結縁灌頂を授けられ、空海を後援した。

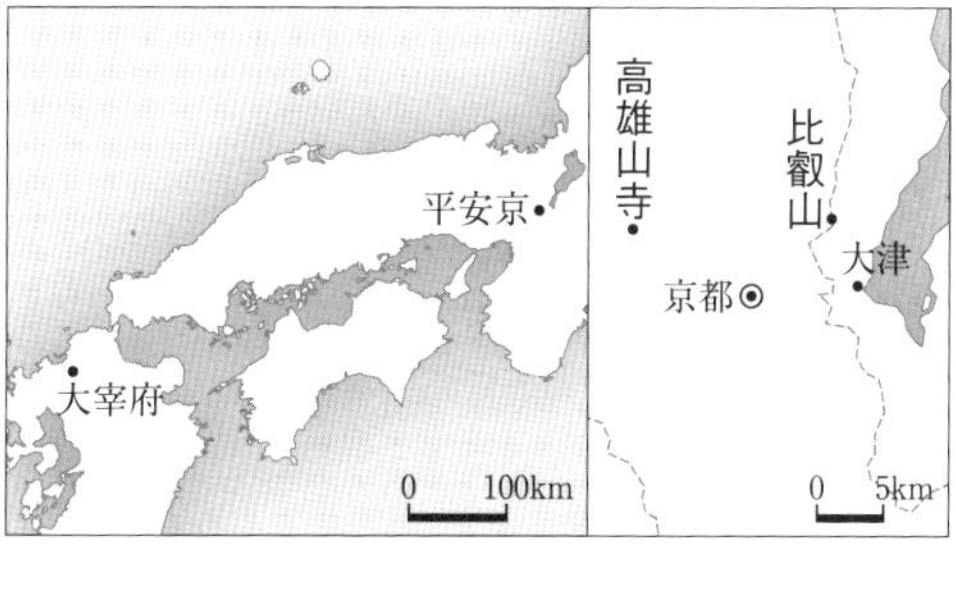

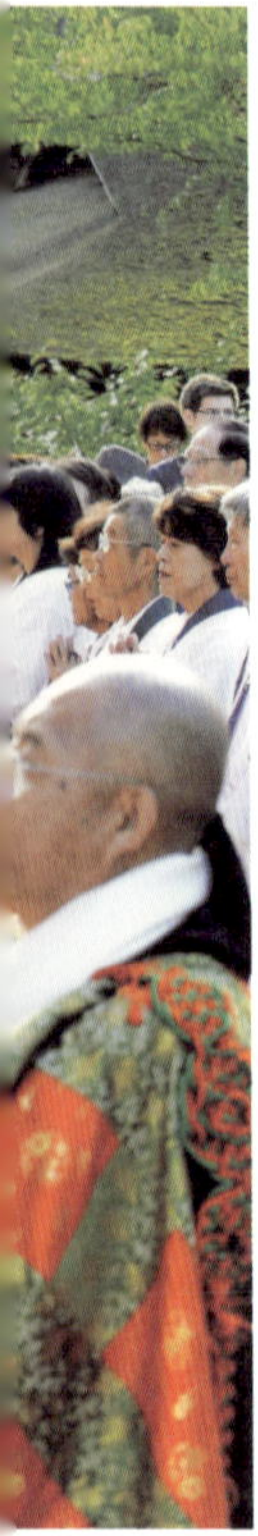

最澄が開いた比叡山。最澄は空海が唐から持ち帰った密教を学ぶべく接近した

結縁灌頂前に行われる儀式。大勢の僧侶が練り歩き、壇上伽藍は荘厳そのもの

の法として、密教が強く要請された時代だったのである。

八〇六年、最澄は年分度者二名の割り当てを許可され、正式に天台法華宗（天台宗）が立宗する。また、年分度者二名はそれぞれ天台大師智顗の『摩訶止観』を学ぶ止観業と、『大日経』を学ぶ遮那業に分けられたが、顕教である天台教学と密教はどこでどう接続したのだろうか。

つながるはずのないものをつなげるためには、本来の意味を不断に読み替え、最後は論理を超えてゆかねばならない。たとえば初期の大乗仏教を確立したインド僧の龍樹は『中論』で、縁起するものは無自性なる空であり、その空は仮名《けみょう》に過ぎず、相対の両極に偏ることなく中道であるべきことを説いた。これを天台では、縁起するものには空・仮・中の三諦《さんだい》が備わっていると読み替える。そうして世界を空と観じ、仮と観じ、はたまた空と仮が円融した中と観じることを求めるのだが、この三諦円融によって、否定の論理の空が肯定的な意味合いを帯び始めるわけである。

また、『法華経』の原典では「ものの本質」という意味だった箇所に、中国六朝時代に仏教経典を訳した僧、鳩摩羅什《くまらじゅう》は「諸法の実相」という意訳を施し、それが日本ではさらに「諸法は実相なり」と読み替えられて、目に見える世界の姿はそのまま真如であるとされた。かくして色即是空のはずの諸法が実在の相をもち始め、ここに天台実相論は密教との融合の下地をもつことになる。もっとも、天台宗において円教（事と理が円融している最も完全な教え）とされる

年分度者
毎年、宗派や大きな寺に定数の枠を設けて、朝廷が得度（出家）を許可する制度があった。

摩訶止観
中国天台の開祖である智顗によって講義された、雑念を止め、対象を観察する禅定についての解説書。天台三大部の一つで、一念三千、円頓止観といった天台の教説について詳述している。

色即是空
現世に存在するあらゆる事物や現象は、因と縁によって存在しているだけで、それ自体が実体として存在するのではないということ。般若心経に出てくる言葉。

『法華経』の上に、さらに一大円教を立てて『大日経』や『金剛頂経』を位置付け、釈迦如来と大日如来を一致させて天台と密教を接続させたのは後年の円仁以降であり、最澄自身の密教理解はもう少しあいまいだった。

空海が入京を許された八〇九年以降、最澄は空海から経典類を頻繁に借用しているほか、八一二年暮れには高雄山寺で金剛界と胎蔵界の灌頂を空海から授かっている。こうした密教への傾倒は、最澄もまたもとは山林修行者であり、なにがしかの身体体験が密教への肌感覚となっていたためだと考えられる。加えて、空海や最澄が唐で目の当たりにした密教の修法は、当時の最先端科学だったことを、前出の藤井淳氏は指摘する。なにしろ、卜占やお祓えが真剣に行われていた時代である。五鈷杵はもちろん、護摩壇に並べた金属の六器や塗香《ずこう》器や洒水《しゃすい》器などを駆使した加持祈禱の壮麗な修法は、眼もくらむような秘儀だったのであり、朝廷の人びとはもちろん、これに圧倒されない僧侶はいなかったと想像できる。しかしながら天台教学の探究に生涯を奉《ささ》げた最澄には、まさに経論よりも身体体験としての修法こそが密教の神髄だという一点が理解できなかったのではないだろうか。仮にそうだとすれば、やがて空海と袂を分かつことになるのは必然だったのかもしれない。

鎮護国家の修法を行うカリスマとして

ところで、大宰府に留め置かれていた空海がいつ畿内へ移動したのか、これ

塗香器
数種の香木を混ぜた「塗香」を入れるための器。僧侶らは修法の前に身体に塗り、浄める。

洒水器
香水を入れた器。僧侶はこの香水を散杖《さんじょう》と呼ぶ杖のようなもので加持し、これを用いて真言を唱えながら壇上や供物、自身を浄める。

もよく分からない。八〇九年二月に空海が最澄に面会を求めた記録があるので、そのころまでには和泉の槇尾山寺（大阪府・施福寺）に移っていたという説もある。とまれ、正式な入京許可の太政官符が下るのは同年七月であり、八月に空海は和気氏の氏寺、高雄山寺に入住した。これには最澄の引き合わせがあったとも言われている。

それにしても空海は強運の持ち主である。そこに並外れた情熱と行動力、気配り、積極性、筆まめ、文才が加わればもはや無敵だろう。実際、四月に即位したばかりの嵯峨天皇とは早速、屏風二帖への揮毫を通して交流が生まれ、翌年には朝廷を舞台にした薬子の変の鎮圧直後、自ら高雄山寺での鎮護国家の修法を上表し、許可されている。それらの功績がさらに東大寺（奈良県）や乙訓寺（京都府）の別当職への任官につながり、見る間に最澄と肩を並べる存在になってゆくのである。

そして八一二年には、最澄とその弟子をはじめ南都六宗の名徳たち、和気氏の真綱、仲世のほか、見習い僧の沙弥《しゃみ》衆、在家信者の近士《ごんじ》衆など百数十名が、結縁灌頂を授けてもらうために高雄山寺の空海の下へ馳せ参じることとなった。現代の灌頂の風景もなかなか壮麗なものだが、千二百年前、高雄山寺に突如出現した日本初の本格的な結縁灌頂の熱気と興奮は、想像するに余りある。これが入京からわずか四年目のことである。

ところで、「思い込んだら一直線」の空海の性格を思うと、入京後の嵯峨天

薬子の変
八一〇年、嵯峨天皇の兄の平城上皇が、寵愛していた藤原仲成や藤原薬子とともに、国政に介入し、挙兵を企てた事件。仲成は射殺され、薬子は自殺、上皇は出家した。「平城上皇の変」とも呼ばれる。

皇との親密な交流や、密厳《みつごん》国土建設への情熱にはいささかの嘘もなかっただろう。ならば、朝廷に招かれて生涯で五十一回も行ったとされる鎮護国家の修法も、全身全霊を尽くしてのものだったはずである。今日、私たちが密教の修法を通して目の当たりにするのは、護摩行の火の妖しさや、鳴り物で飾り立てられた真言の響きの、ひたすら神秘的な禍々しさなどだが、千二百年前の天皇や皇族、貴族たちもまた、めくるめく秘儀を目の当たりにしてまさに密教の験力を体感したことだろう。

実際、仏教が国家鎮護のツールであったこの時代、平安京には最澄をはじめ数多の高僧たちがおり、宮中での上奏も特別なことではなかった。そのことを考えると、空海の短期間の栄達は、その修法の見事さが評判になったこと以外に考えられない。そして、人びとの面前で壮麗な手つきで護摩を修する空海自身にとっても、自らの身体技法はただの宗教儀礼ではなく、ときに特別な霊験や不可思議を自ら体現して「生き仏」となり、人びとと同じアニミズムの磁場に没入していたはずだ。宮中で行われる法会での修法とは、導師の僧侶が手に印契を結んで自ら唱える真言の響きと一になり、大日如来の悟りの神秘の瞑想に住して入我我入の境地に入るだけでなく、そこに参列する人びとに神秘体験や霊験が伝播し、互いに交感するものであっただろうからである。そこで交感される神秘なエネルギーの大きさは、僧侶と衆生双方の宗教的情熱の大きさに比例し、それはそのまま僧侶の名声へとつながったと考えられる。その意味で

アニミズム
山や海など、すべてのものに霊的な存在が宿っているとする考え。古くから世界各地で広く見られる。

空海は、いわゆる宗教カリスマの資質を天然で備えていたのであり、都の人びとは土中にダイヤモンドを発見するようにして空海を発見し、珍重したのだと思う。

言語で世界を創造する

しかし、空海が稀代の仏教者であるのは、彼がそうした自身のカリスマ性に留まっていただけではない点にある。たとえば雨乞いの修法を執り行うとき、己が身・口・意の三密を通して世界の根本原理である大日如来をさまざまに感得し、仏の智慧を直観し、その不可思議な身体体験に住する傍らで、言葉でそれを分節し、体系化する試みを空海は捨てなかった。

空海が記した『即身成仏義』『声字実相義』『吽字義』、そして『秘密曼荼羅十住心論』『秘蔵宝鑰《ほうやく》』などの著作はみな、空海自身の身体体験を経て言語化されたものであるが、そこでは言葉が身体を言い当てるのではなく、身体のほうが強引に言葉をつかみにゆく。たとえば法身が説法をするというのは、顕教の法身では論理的に有り得ないが、空海はともかく全身でそれを直接体験した。そこから、その有り得ないことを有り得ることに転換する渾身の言葉の魔術が繰り出されるのである。

宗教的確信は、論理を超越する。信心に無縁の人間が宗教者の著作に触れるときに感じる違和感がそれである。空海の、言葉への並外れた執着と独創的な

吽字義
空海の著作で、サンスクリット語の吽字を、直接的な意味の字相、真実の意味の字義という二つの側面から解明した。普遍的な真理は文字や声にこそ表れると主張した『声字実相義』、この身のままで大日如来と一体となり、仏になれると説いた『即身成仏義』と合わせ、「三部の書」と称す。

秘密曼荼羅十住心論
真言密教の体系を表した空海の代表的な著作。人の心を十段階に分け、発達していくことを示す。各段階に当時の宗派・思想を当てはめ、第十住心の真言密教が最上のものと主張する。

秘蔵宝鑰
『十住心論』を簡略化した著作。諸経論の引用を最小

言語感覚は、同時代のほかの仏教者には見られないものである。いわば言葉で世界を言い表すというより、言葉で世界を強引に創造してしまうと言おうか。誰も経験したことのない密教の世界が、文字通り空海の言葉で開かれるのである。

『即身成仏義』を例に取ろう。大乗仏教は「一切衆生悉有仏性《いっさいしゅじょうしつうぶっしょう》」と説く。しかし、無限に長い年月の果てに悟るとする顕教に対して、密教ではこの我が身が現世で悟るのだと、仏教史上初めて明確に宣言したのが本書である。

そこでは初めに、「この身このまま」で仏になることを立証する五種八点の経論を挙げ、これにこう書いてある、これにはこう書いてあると並べてゆくのだが、いずれも経典を絶対の権威として扱わなければ成立しない論法であり、現代人はここで早くも煙に巻かれる。

続いて、有名な二つの即身成仏偈《げ》が説かれる。その第一句には「六大無礙《むげ》にして常に瑜伽《ゆが》なり」とある。存在するものすべてが溶け合い、相応している「無礙」の状態こそ、大日如来の三摩地だという言明だが、「無礙」と言われても、それは言葉では摑み切れない直接体験の世界である。空海は自身の直接体験を『金剛頂経』や『大日経』『菩提心論』などに照らした末に、これぞ三摩地と確信して言語化しているのである。

しかし、ここからが空海の真骨頂となる。空海は大日如来を表す梵字の種子《しゅじ》真言、𑖀𑖪𑖰𑖨𑖮𑖳𑖽𑖏𑖽𑖮𑖳𑖽《あびらうんけんうん》を引いて、その一字毎にその意味するところを説くと同時

限に止めて解説し、より密教の世界を際立たせている。

一切衆生悉有仏性
生きとし生けるものすべてに仏性がある、の意。

偈
仏の教えや徳を詩文で表したもの。

六大
存在の要素である地・水・火・風・空と、人間の意識。

梵字
古代インドのサンスクリット語を記す文字。

種子真言
密教で仏菩薩やその働きを表現したもの。通常は梵字一文字を使う。

京都・神護寺（高雄山寺）に残る「灌頂暦名」は空海が高雄山寺で結縁灌頂を授けた人たちの名簿。
空海の自書とされ筆頭には最澄の名が記されている（写真はその写し）

高野山根本大塔内にて

真言宗の大壇や護摩壇には、きらびやかな法具が並ぶ。
千二百年前、これらを駆使した修法に僧侶たちは圧倒されたに違いない
大阪府茨木市真龍寺

に、それぞれが六大の一つ一つに該当すると説くのだ。宮坂宥勝氏監修の『空海コレクション』2の解説によると、たとえば最初の𑖀（阿字）は、本不生《ほんぷしょう》ゆえに大地の固さを連想させるので、六大のうちの「地」に例えられる。

　また二番目の𑖪（嚩《ば》字）は悟りが言語化できないことを清浄の象徴と見て「水」に。三番目の𑖨（囉《ら》字）は、火の浄化力ゆえに「火」と結び付けられる。以下、𑖮（訶《か》字）は「風」、𑖏（佉《きや》字）は「空」、そして最後の𑖮𑖳𑖽（吽字）を「識」に当ててみせるのだが、実は『大日経』に説かれているのは地・水・火・風・空の五大であり、同経の「阿闍梨真実智品」や「悉地出現品」では、吽（𑖮𑖳𑖽）は風とされているのである。

　そう、五大に識を足して六大にしたのも、『大日経』の「具縁品」を引いて大日如来の真言に独自の解釈を施し、吽（𑖮𑖳𑖽）を「我覚」という意味に読み替えて識としたのも、空海の独創だということである。まさに宗教的天才の一端を見る思いだが、言葉の魔術はこれだけでは終わらない。

「是の如《かく》くの六大は、能く一切の仏、及び一切衆生・器界等の四種法身・三種世間を造す」として、生み出すものである六大（能生《のうしょう》）と生み出されるものである一切（所生《しょしょう》）が無礙にして自在に相応していることから、この第一句は「この身このまま」の即身成仏の「即」を言い表す偈だと、一気に結論へと飛ぶのである。

阿字
サンスクリット語の「a」の字・音。梵字の最初の文字で、万物の根源として、真言密教では重視され、大日如来を表すと見なす。梵字の阿字を瞑想する「阿字観」は密教の実践法の一つ。

四種法身
密教では、真理を身体としている法身は①本体としての自性法身②自ら悟りを享受し、他にも享受させる受用法身③さまざまに姿を変え、救済する変化法身④あらゆるものと同じ姿をして現れる等流《とうる》法身――の四種類ある、と説いている。

身体体験に裏打ちされた言語宇宙

空海の言葉の世界をもう少し見てみよう。

空海は日本初の悉曇《しったん》（梵字の字母）の解説書『梵字悉曇字母并釈義』を書いた人物でもある。同書を嵯峨天皇に献上する際の上表文には「字は生の終を絡《まつ》ひ、用、群迷を断ず」とある。

また当の『釈義』では「梵字梵語は一字の声《しょう》に於て無量の義を含む」とし、これを漢訳すると多くの意味が欠けてしまうので、梵字そのものを学ぶべしと説く。そして「一字の中に於て、無量の教文を惣摂《そうしょう》し」「一声の中に於て無量の功徳を摂蔵す」（同書）という不空三蔵以来の密教の言語観を、空海は積極的に拡張し、深秘の言語世界を展開してゆくのである。文字へのこの特別な傾倒は、空海を同時代に屹立させている最大のものだと私は思う。

未だ平仮名は誕生しておらず、日本語の表記としては漢字本来の意味と無関係な万葉仮名があるのみだった時代に、そうした文字をたんなる情報伝達の道具でなく、存在そのものと捉えたのが空海である。文字とそれを口にするときに生まれる声が世界の発生原理であり、また世界そのものだというこの驚異的な発想もまた、身体体験が根本にあるのは間違いないが、その原理を体系的に解き明かしたのが著作『声字実相義』と『吽字義』である。

前者で、声と字と実相はこう説かれている。「内外の風気纔《わずか》に発すれば、必ず響くを名づけて声といふなり。響は必ず声に由る」「声発《おこ》つて虚しからず、

三種世間
世界を三つに分類したもの。①生きものの世界②山川大地など、自然や環境世界③仏の世界──に分ける説などがある。

高野山清凉院の種子曼荼羅。梵字一文字で仏や菩薩を象徴的に表し、
色鮮やかな図画で描かれた曼荼羅と違ってシンプルかつ力強い

神護寺にある大師堂。空海が生活した納涼房に由来するという

結縁灌頂前の、華やかかつ荘厳な儀式

必ず物の名を表するを号して字といふなり。名は体を招く、これを実相と名づく」。

そして「それ如来の説法は、必ず文字に藉る。文字の所在は、六塵《ろくじん》（色・声・香・味・触・法の六種の認識対象）その体なり。六塵の本は、法仏の三密、すなはちこれなり」と説かれる。つまり人間の呼吸やものが触れ合うことによって声が生じると、声は必ず意味と文字を伴う。その文字は六塵から発生し、六塵は同時に大日如来の身体・言葉・心の三密であるから、故に声字は実相だというのである。

もちろん、これは現代の言語学の論理ではない。修行者の身体から発する声が全宇宙に満ち、あるいは修行者が全宇宙から受け取る響きがその身体に満ちる究極の身体体験を、あくまで密教の立場で大日如来＝声＝文字＝全宇宙といった図式にしてみせたものにすぎない。

とはいえ、その発想の独自性は『吽字義』でさらに究められる。そこでは吽字（hūṃ）を賀《か》（h）、阿（a）、汙《う》（ū）、麼《ま》（m）の四字に分解し、各々字相と字義に分けて解釈されてゆくのだが、たとえば阿字を見てみよう。曰く「凡そ、最初に口を開くの音にみな阿の声あり」「故《かるがゆえ》に衆声《しゅしょう》の母となす。もし阿字を見れば、則ち諸法の空無を知る。これを阿字の字相となす」。

一方、阿字の字義は、生じたり滅したりしない「不生《ふしょう》」、初めということは因縁によって生じる「有」、因縁によって生じるゆえに「空」の三点である。

空海が示した心の体系

第一住心　倫理以前
第二住心　儒教・仏教の倫理道徳
第三住心　道教・バラモン教など
第四住心　小乗仏教の声聞乗
第五住心　小乗仏教の縁覚乗
第六住心　法相宗
第七住心　三論宗
第八住心　天台宗
第九住心　華厳宗
第十住心　真言密教

そして、存在の根源としての阿字が生じることも滅することもない不生であると知ることは、自己のありのままを知って悟ることであり、だから大日如来はこの阿の一字を自らの真言にしたのだと説く。実に鮮やかな着地ではある。

言葉への空海の執念を支えているのは、仏の智慧は真言や曼荼羅を通して語られ得るものだという密教の基本であるが、それだけではない。若き日の「谷響を惜しまず」の全身体験があり、さらには書を通して感得した文字への造形的・身体的直観があり、そこから梵字についての密教的直観も生まれたに違いない。そして真言密教の立宗にあたって、空海は阿字の象徴性や真言の響きの神秘性を前面に押し出し、声字としての言葉を宗教的仕掛けとして徹底的に活かしたのである。

もちろんそうした特異な声字がある一方で、真言密教の体系化を成し遂げた膨大な従来の言葉がある。『秘密曼荼羅十住心論』と『秘蔵宝鑰』がそれである。『十住心論』の序に、『大日経』からの有名な引用がある。如来の仏智とはどのようなものかと弟子の金剛薩埵に問われた大日如来曰く、「菩提心を因とし、大悲を根とし、方便を究竟とす」。そして、その菩提に向かわんとする心に、およそ十の住心があるとして、第一段階の凡夫から第十段階の曼荼羅世界まで、一つ一つ既存の思想や宗教と対応させながら詳細な説明が施されてゆく。

たとえば第一住心は倫理以前の段階、二は儒教・仏教の倫理道徳の段階、三は道教・バラモン教・インド哲学の段階、四が小乗仏教の声聞乗《しょうもんじょう》、五が小乗の

声聞乗
仏の教え（声）を聞いて修行し、自分のみが悟るための教法。

高野山のシンボル・壇上伽藍の根本大塔にある大日如来像。
冠には梵字の阿字が書かれている

密教が一番優れていることを宣言した
空海の代表的著作『秘密曼荼羅十住心論』の写し

京都・高雄の山にある神護寺。入京した空海はここを最初の活動拠点とした

縁覚乗《えんがくじょう》、六が法相宗、七が三論宗、八が天台宗、九が華厳宗、そして最後の十が密教となる。

この十の階梯はしかし、すべて衆生の心身の様態であるという意味で、十が一から九までを包含しているとも言える。まさに『十住心論』の序に曰く「もしよく明らかに密号名字を察し、深く荘厳秘蔵を開くときは、すなはち地獄・天堂、仏性・闡提《せんだい》、煩悩・菩提、生死・涅槃、（中略）、みなこれ自心仏の名字なり」と説かれる所以である。

一方、『秘蔵宝鑰』では、九までの住心は十の秘密荘厳心に移るべきものだから、みな因にすぎないとして、顕教と密教は断絶させられている。言うなれば、顕教から密教へ転じるためには、なにがしかの決定的な飛躍が求められるのだが、『十住心論』も、階梯を上る側から見れば、九と十の間には同じく越えがたい断絶があると言うほかはない。密教がどこまでも身体体験と直観の宗教である所以である。

とまれ空海が構築した密教は、顕教の各宗派をはじめ諸思想をすべて包含すると同時に、それらすべてを超越する。多元にして一、非連続にして連続、普遍にして絶対の、神秘的直観と宗教的確信と独創性にあふれた世界だと言える。そして、この空前絶後の言語宇宙を支えていたのが日々の修法を通した身体体験だとすれば、修行への専念はその宗教的確信の維持のために不可欠だったことだろう。都で重用される一方で、空海が高野山へ懸けた思いは密教者として

縁覚乗
師や仏によらず、一人で独自に悟る教え。大乗仏教から、声聞乗とともに自分のことだけを考えていると批判された。

秘密荘厳（住）心
空海が著作『十住心論』などで示した、悟りを目指す心の体系の最終段階。真言密教によって到達する境地。

切実なものだったと想像できる。

曼荼羅こそ即身成仏の証明

ところで、密教のもう一つの柱に、眼で見て分かる曼荼羅がある。

恥ずかしい話ながら、私は空海に出会うまで、曼荼羅とはたんに多くの仏たちが描かれている仏画の一種だと思っていた。もちろん、著作『請来目録』に「図画を仮りて悟らざるに開示す。種種の威儀、種種の印契、大悲より出でて一覩《いっと》に成仏す」とあるように、言葉で説きつくせない深秘の教えを、人々に分かるよう図画にしたものという理解も間違ってはいないだろう。しかし、それが灌頂という秘儀を通して「結縁するもの」「伝法・受法されるもの」となるとき、一気にただの図画ではない何ものかになる。

実際、空海が唐で描かせて持ち帰った両部（胎蔵・金剛界）曼荼羅は、灌頂で頻繁に使用されたために傷み、八二一年には早くも最初の転写本が作られている。

さて、曼荼羅とは何か。著作『秘密曼荼羅十住心論』をひもとくと、まさに心の階梯の最後に当たる「秘密荘厳住心第十」の冒頭に、「秘密荘厳住心とは、すなはちこれ究竟じて自心の源底を覚知し、実の如く自身の数量を証悟す。いはゆる胎蔵海会の曼荼羅と、金剛界会の曼荼羅となり」とある。この文章をそのまま読むなら、「密教の段階に達した秘密荘厳住心＝胎蔵・金剛界曼荼羅」

当時の色を復元して再現された金剛界と胎蔵界の両部曼荼羅。
平清盛が自らの血を入れて描かせたという「血曼荼羅」が凸版印刷の技術によって元の姿を現した
左頁が金剛界

となるが、密教者の心がすなわち曼荼羅だというのは、いったいどういうことだろうか。

まず、密教における曼荼羅とは、両部曼荼羅の図画や立体曼荼羅の仏像といったモノでもなければ、密教世界に特有の形式でもない。それはどうやら密教の考える世界そのものであり、大日如来が具現する森羅万象であり、人間を含む無量無辺の宇宙と一つのものであるらしい。曼荼羅という名の、なにがしかの枠組みや観念があるのではなく、曼荼羅自体がすでに全宇宙そのものであり、大日如来であり、よって悟りの当体であり、種々の修法によって密教者が観想し、直接体験し、合一し、入我我入する対象であるらしいのだ。

しかも、空海は四種の曼荼羅を説いているのだが、いずれもモノではなく、如来の能動的な顕現や智慧の象徴そのものだという。たとえば『大日経』に説かれる胎蔵曼荼羅は端的に「如来とは大曼荼羅身なり」とされる。また、修法に使われる金剛杵や金剛鈴、種々の器や香炉のほか、印契などはみな、大日如来の内証智印であり、三昧《さんま》耶形《やぎょう》であり、三昧耶形の身体であるとして、三昧耶身と名付けられる。さまざまな密教法具は、そのまま三昧耶曼荼羅なのである。

さらには、一字一字が如来の真言であるとされる梵字もまた曼荼羅身であり、これは法曼荼羅（種子曼荼羅）と呼ばれる。そして全宇宙の活動や作用もまた曼荼羅身であり、東寺（京都府）の仏像群のような立体的表現をもつ。これを羯磨《かつま》曼荼羅という。

空海が説く四種曼荼羅

大曼荼羅　仏の姿を描いて仏の世界を表したもの。一般的に曼荼羅と呼ばれることが多い。

三昧耶曼荼羅　仏の姿ではなく、それぞれの特徴を示す持ち物などを描いたもの。

法曼荼羅（種子曼荼羅）　仏をイニシャルのように一文字の梵字（種子）で表した曼荼羅。

羯磨曼荼羅　仏の振舞いを表す曼荼羅。具体的には仏

著作『即身成仏義』を振り返ると、空海は『大日経』の「一切如来に三種の秘密身有り、謂《いわ》く字・印・形像なり」を引いて、字が法曼荼羅、印が三昧耶曼荼羅、形が大曼荼羅であり、この字・印・形を合わせた威儀活動を表すのが羯磨曼荼羅だと説いている。そして、これらを四種曼荼羅と呼んでいるのだが、あれもこれも曼荼羅という強引な論法で、空海は何を伝えようとしたのだろうか。なぜ各種の密教法具までが曼荼羅でなければならないのだろうか。

密教は何より儀礼の宗教である。金色に輝く法具を駆使し、不可思議な真言を唱えながら、種々の観想を通して得た験力で雨を降らせ、病気を平癒させる密教の秘儀は、千二百年前の人びとにとって想像を絶する最先端科学であったと同時に、これぞ仏国土とも言うべき荘厳の極みだったと想像できる。

そこで三鈷杵や五鈷杵、塗香器や洒水器といった法具が放っていた物理的な輝きが、密教者にとって金剛界の究極のイメージと重なっていたというのは、十分に考えられることだろう。現に、「秘密荘厳住心第十」には、「各《おのおの》五智の光明峯杵に於て、五億倶胝《くてい》の微細金剛を出現し、虚空法界に遍満す」とある。ちなみに「五智」とは、大日如来の絶対の智慧が鏡で映し出すようにあまねく顕われている状態をいう大円鏡智、その智慧があらゆるものを平等に照らしている状態をいう平等性智《しょうちち》、その智慧があらゆるものを微細に観察していることをいう妙観察智《みょうかんざっち》、その智慧が実践的な行為として顕われている状態をいう成所作智《じょうそさち》、そしてその智慧の総体である法界体性智《ほっかいたいしょうち》の五つを指す。

像彫刻などを並べ立体化したもの。立体曼荼羅とも。

金剛杵
煩悩を砕き、悟りの心を導く力があるとされる。もともとは古代インドの武具。両端の形によって独鈷杵、三鈷杵、五鈷杵などと呼ばれる。

金剛鈴
金剛杵を柄にした鈴で、人々の仏性を呼び起こす力を持っているとされる。

内証智印
心の内で悟る智の標示。

三昧耶形
如来の人々を救済する誓いの象徴。

金色に輝く法具もまた曼荼羅。大阪府茨木市真龍寺

毘盧遮那如来 原画

毘盧遮那如来 線描

毘盧遮那如来 想定色再生版

現存の原画をもとに輪郭線を描き、彩色が施されるまでのプロセス(提供・凸版印刷)

この五智が、五億千万ともされる無数の細かな金剛となって世界に満ちていることを、未だ修行の段階にある菩薩たちは見ることができず、「熾然《しねん》の光明、自在の威力あるを覚知せず」と続くのだが、これは明らかに金剛杵が放つ金属の物理的輝きと、五智の輝きの連想だろう。

両部曼荼羅に描かれた諸尊の形像はもちろん、金色に輝く法具も護摩の火も僧侶たちの所作も、すべて目に見えるものとして、密教者の心身の直接体験となる。仏陀の死以来、人びとが追い求めてきたのは仏舎利や仏像といった目に見える信仰の対象であり、そうした具体的な対象があったからこそ仏教が営々と永らえてきたことを思うとき、目に見えるものとしての曼荼羅への空海の直観的な傾倒は、よく理解できるような気がする。

また、視覚を含めたあらゆる感覚器官を駆使する密教の秘密荘厳住心が、どこまでも身体体験によって顕現するものである以上、それをより効果的、持続的に実現するための装置は多ければ多いほどよい。四種曼荼羅はまず、そうした入我我入の装置として働くのだが、密教者の身体的実践はそこからさらに先へ進む。

身・口・意の三密によって大日如来やその大円鏡智、はたまた阿字などを観想する過程で、まさに大日如来の不可思議の力に加持されて三摩地の境地に入ったとき、密教者の身体において曼荼羅の色や形と法具の光が一つの空間を織りなして動きだしたり、梵字と真言が一つになって鳴りだしたり、といったこ

高野山開創後の空海

八一六年　高野山開創の許可
八一七年　弟子の泰範《たいはん》、実慧《じちえ》が高野山開墾に着手
八一九年　空海、高野山上を結界し壇上伽藍建設へ
八二三年　東寺を賜る
八二八年　綜藝種智院を創立
八三〇年　『秘密曼荼羅十住心論』『秘蔵宝鑰』著す
八三一年　病により大僧都辞任を申し出るが認められず
八三二年　高野山にて万燈万華会
八三四年　「宮中真言院の正月の御修法の奏状」を上奏
八三五年　宮中真言院で後七日御修法、真言宗年分度者三人の許可、真言宗公認　三月、空海没す

とが起きるのかもしれない。そのとき曼荼羅たちはもはや装置ではなく、まさに密教者の身体の一部になり、世界になり、如来になり、渾然と重なり合って感応道交するのだろう。

空海の曼荼羅とは、密教者の身体体験の装置であると同時に、そういう体験があるという保証書であり、さらにはその体験がすなわち即身成仏であることの周到な証明なのである。

第5章　二人空海

社会事業家としての顔

ところで、密教僧として己が心身に未曾有の直接体験を刻み、衆生には覗き込むこともできない曼荼羅世界に住していた空海とは別の、もう一人の空海がいる。それは、鎮護国家の修法に優れ、朝廷に重用されて、乙訓寺や高雄山寺、東寺の別当職として平安京を闊歩していた僧空海であり、満濃池（香川県）修築工事や綜藝《しゅげい》種智《しゅち》院《いん》（京都府）創設などの社会事業に勤しんだ空海である。ちなみに現存する『日本後紀』に空海の名が登場するのは八二一年が最初であり、そこには洪水で決壊した讃岐の満濃池修築工事に、当地で人望厚い僧空海を別当として起用するよう讃岐国司の言上があったことが記されている。

曰く「民庶望㆑影、居則生徒成㆑市、出則追従如㆑雲」「百姓恋実如㆓父母㆒」。空海の風貌を慕い、空海の居るところ人びとが市を成し、空海が出かけると追いかける人びとが雲のごとくなるとはまた大層な形容ではある。いくら地元の出身とはいえ、百姓から父母のように慕われているという空海の姿は、宮中で荘厳な国家鎮護の祈禱を執り行う高僧空海の姿とは重なりづらい。いったい、

満濃池
香川県まんのう町にある日本最大の灌漑用溜池。七〇〇年代初頭に築造された。八一八年に決壊し、復旧に着手したものの、改修が進まず、空海が責任者（別当）として派遣され、わずか三カ月足らずで面積八一ヘクタールの大池を完成させたといわれる。その後も決壊や修復を繰り返し、現在は一三九ヘクタールの溜池になった。

阿波の大滝嶽や石鎚山（愛媛県）、室戸岬などで修行に明け暮れていた青年時代の、三十年近くも昔の一私度僧の姿を、民衆は覚えていたということだろうか。あるいは空海の加持祈禱の威力に触れた者から発した噂が噂を呼び、それこそ雲のごとく広がってブームになっていたのだろうか。

満濃池は現在、再三の修築や嵩上げ工事を経て日本最大の灌漑《かんがい》用溜池の威容を誇っており、空海が護摩を焚いた小島の岩もそのまま残っている。空海がわずか三カ月で難工事を完成させたのは、唐で学んだ土木技術があったことのほかに、その人望が人夫たちを結束させたことが要因として挙げられているが、ある者は空海の護摩の験力を目の当たりにし、ある者はその霊験の噂を聞きつけて馳せ参じることで、修築工事を完遂させるための民衆の結束という奇跡が成し遂げられたということかもしれない。メールもＬＩＮＥもない時代だからこそ、噂が噂を呼び、熱狂になっていったのだろう。

もう一つ、空海の本質をよく表しているものとして、藤原三守の寄進で設立された綜藝種智院がある。「綜藝種智院式幷序」（『性霊集〈補闕抄〉』）には「三《さん》世《ぜ》の如来、兼学して大覚を成《じょう》じ、十方《じっぽう》の賢聖《けんじょう》、綜通《そうづう》して遍知を証す」として、仏教のほかに世俗の学問を幅広く学ぶ大切さが説かれる。また、「心《こころ》慈悲に住し、思《おもい》忠孝を存して、貴賤を論ぜず貧富を看ず」として、志ある者は誰でも学べるほか、学問に専念できるよう師にも弟子にも食糧が給付されることが宣言されている。

綜藝種智院
空海が平安京に創設したとされる日本初の庶民教育のための私立学校。親交のあった藤原三守から土地や建物の提供を受け、仏道だけでなく総合的な教育を目指した。当時の教育は一部の特権階級の子弟に限られていた。

空海自身が官立の最高学府で学んだ経験から、もともと幅広い学問の大切さを認識していたのは間違いないが、ほかにも唐の都では数多くの学校が整備されていることが右の序文には記されており、空海が長安で見ていた風景の一端を窺い知る稀有な例となっている。また渡辺照宏、宮坂宥勝両氏の名著『沙門空海』によれば、唐やインドに整備されていた学校はいずれも民衆のものではなかった。その意味では、民衆の教育機関としての空海の綜藝種智院は、教育理念としても世界に類を見ないものだったというのだが、ここに覗いているのは、身分の差を問わない平等主義というより、能力の差は身分では決まらないという徹底した合理性だと思う。とても千二百年前の人間とは思えない先進性である。

こうした済世利民の社会事業家空海は、同時に国家鎮護の種々の法会のために度々朝廷に召集される高僧たちの一人であり続けた。八二〇年には伝燈大法師位、八二四年には少僧都《しょうそうず》、八二七年には大僧都に叙せられ、その間、八二三年には朝廷から国家鎮護の要とすべく東寺を下賜されている。また真言宗という名称が使われ始めたのは、このころだとも言われている。

カリスマ説法と深遠な経論との落差

都で重用されていた空海は、一方で八一七年には高野山開創に着手し、翌年には自身も高野山に登っているのだが、深山幽谷の地での修禅の傍ら、宮中で

平安京での空海の動向

八〇九年　大宰府から平安京へ
八一一年　乙訓寺別当に
八一二年　高雄山寺で最澄らに結縁灌頂
八一六年　高野山の下賜。同年、嵯峨天皇病気平癒の加持祈禱
八一七年　高野山開創に着手
八二〇年　伝燈大法師位内供奉十禅師
八二一年　讃岐国満濃池修築の別当に
八二二年　東大寺に真言院を建立
八二三年　東寺を賜り、鎮護国家の道場とする。同年、嵯峨天皇に灌頂を授ける
八二四年　少僧都
八二七年　淳和天皇の願いにより祈雨法を修す。同年、大僧都
八二八年　綜藝種智院を創立

天皇や皇族、貴族たちにいったい何をどのように説いていたのか、その貴重な資料が『日本後紀』に現存する。

八二五年、少僧都伝燈大法師位空海は、東宮で行われる『仁王《にんのう》護国般若経』講説の講師となった。そのときの法会の願意を記した呪願文がそれである。そこでは釈迦如来と普賢・文殊両菩薩の無量の智慧が一切衆生を照らしている旨の前置きのあと、「伏惟我皇帝陛下、百億之一」として淳和天皇を百億人中で第一の人と持ち上げ、その徳や慈悲や人民救済の労を称える美辞麗句が続く。

そして、朝廷が執り行う『仁王護国般若経』の講説の功徳は「奉㆑資㆓聖体㆒」ものとなり、「洪祚永々」「玉体堅密」などが祈願されるのである。また、続く講説自体も、「大雄調御、天中之天、仁王尊経、玄之又玄、帰㆑之仰㆑之、神力能救、若読若誦、万沴忽消」といった具合である。さらに帝釈天が持ち出されたりするのも、修羅の大軍を打ち破った譬え話としてであって、終始「仏教のありがたいお話」なのだ。当時の仏教が、どこまでも国家鎮護と無病息災と五穀豊穣を願うものであったことや、天皇をはじめ皇族・貴族たちも依然として古代のアニミズムの心象を持ち続けていたことを思えば、空海のこうした講説も不思議ではないが、それにしても『即身成仏義』や『十住心論』などの深遠な経論との落差は大きい。

この点については、都で天皇や貴族たちを相手にこうしたお定まりの講説を営々と続けていた空海と、東寺造営の別当として講堂に前代未聞の羯磨曼荼羅

仁王護国般若経　完成された智慧を受け、守ることによって、国も王も護られると説く。法華経や金光明経とともに鎮護国家の経の一つとして重視された。

洪祚永々　玉体堅密　皇位が長く続くこと。天皇の体が頑健であること。

讃岐の山を背景に広がる巨大な満濃池。現在も灌漑用溜池として活用されている

比叡山から見る京都の街並み

を創ろうとしていた空海の、二人の空海がいたと考えなければ説明がつかないだろう。もっとも、真言密教の秘儀は国家の増益に資するものであり、密厳国土の建設につながるものだと考えれば、二者を落差と捉えるのは適切ではないかもしれない。空海の時代、深遠な教理は修法の秘儀と不可分であるゆえにどこまでも僧侶の領分であり、秘儀の受益者である貴族たちは、端から煩雑な教理を学ぶ必要も意思ももたなかったのかもしれない。それでも、二人の空海のどちらもが、やはり真剣そのものであり、朝廷でのお定まりの講説にも大きな情熱を注いで向き合っていたように思う。密厳国土のためには、とにかく手を抜くということを知らない空海なのである。

ところで同時期には、都を遠く離れた高野の地に伽藍の建設を始めていたもう一人の空海もいるのだが、こうした空海の姿に、宮坂宥勝氏は『生命の海〈空海〉』で、世間と出世間、律令的と反律令的の二重構造を認め、大乗仏教の理想とする上求菩提《じょうぐぼだい》・下化《げけ》衆生の結節点に空海は立っていたのだとする。衆生教化のためにはお伽噺も辞さず、悟りのためには深山への参籠も辞さない。なるほど、これぞまさに「方便を究竟とす」ということではあるだろうか。

それにしても実在の像空海を眺めれば眺めるほど、その器量を現代の尺度で捉えるのが難しいことを痛感させられ、いったいどういう人物なのか見えにくくなってゆくようではある。

大雄調御……釈迦の教えは天の中心とみなされ、仁王護国般若経はこの上もなく深い。これに帰依すれば、救いの神力が働き、読誦すればすべての病が消える、の意。

伽藍　僧侶が集まり修行する清浄な場所という意味が転じて、仏塔を中心とした寺院の主要な建造物の配置を指す。

上求菩提・下化衆生　自ら悟りを求め努力するとともに、人々を仏道に導き、救済すること。

高野山へ――巨星の最期

　ところで、あらためて年表を眺めてみると、空海が高野山で過ごした年月は意外に短かったことが分かる。十分な史料が現存しないため正確な計算はできないが、東寺の別当として長く暮らした西院御影堂を八三二年十一月に去って高野山に隠棲したあとも、八三四年正月には宮中で国家護持・息災増益《そうやく》の法（のちの後《ご》七日《しちにち》御《み》修法《しゅほう》）を修しているほか、翌八三五年正月にも宮中で七日間に亘って同法会を営んでいる。そして、空海はそのわずか二カ月後の三月に入滅しているのだが、これらから推測するに、高野山開創当時の数カ月の滞在期間を加えても、空海が高野の地に暮らしたのはせいぜい三、四年ではなかったか。

　ここで開創当時の高野山へ時計の針を巻き戻してみる。八一七年、開創事業は空海が遣わした弟子の泰範《たいはん》、実慧《じちえ》らと地元の豪族の援助の下、まさに「荒藪を芟り夷げて」原野の開墾から始められた。翌八一八年秋、空海も高野山に入り、越年していることから、このときすでに草庵ぐらいは出来ていたのだろう。

　八一九年五月、「高野建立の初の結界の時の啓白《けいびゃく》の文」や「高野に壇場を建立して結界する啓白の文」（『性霊集〈補闕抄〉』）によると、空海は伽藍建設を始めるにあたって七里（約二七・五キロ）四方を結界し、壇場を建てて七日七夜に亘り結界の法会を行った。こうして伽藍建設は始まったのだが、空海は七月には早くも都へ戻っている。

　空海の在世中に高野山で完成を見たのは、修禅の一院たる金剛峯寺としての

後七日御修法
毎年一月八日から七日間、宮中の真言院で開かれた国家の繁栄や天皇の身体安穏を祈念する儀式。明治時代に一時廃止されたが、東寺の灌頂院で再開された。

結界
教団の秩序の維持を目的に一定の区画を設けること。密教では、修行を妨げる魔障が修行道場に入ってくるのを防ぐため、特別の修法によって領域を限る。

空海が真言密教の根本道場と位置づけた東寺。五重塔は古都のシンボル

雪を踏みしめつつ歩む高野山の僧侶。空海もこの道を何度となく通ったはずだ

奥之院で行われる万燈会。僧侶の袈裟と灯が幽玄な世界を醸し出す

壇上伽藍の講堂一宇、僧房一宇のみで、大塔も西塔もいまだ完成していなかった。大塔の完成は実に八七六年、西塔は八八七年である。これは伽藍の建立がそれほど困難な大事業だったことの証であるが、実際、空海は亡くなる前年まで「勧進して仏塔を造り奉る知識の書」（『性霊集〈補闕抄〉』）などで一銭・一粒の喜捨を乞うている。空海が同文中に「毗盧舎那法界体性塔二基」と記した大塔・西塔をはじめ、壇上伽藍という壮大な曼荼羅は、その槌音のみ空海の耳に刻まれたということになろう。

槌音と言えば、空海が別当として晩年の大半を過ごした平安京の東寺も、空海の在京中には五重塔をはじめ、堂宇の多くが完成していなかった。空海は西院御影堂に居を構えて建設工事を日々眺め、その槌音を聞きながら、『秘密曼荼羅十住心論』や『秘蔵宝鑰』などを書き上げたことになる。

その東寺は八二三年正月、空海が数え五十歳のときに嵯峨天皇から給預されたとされる。空海の遺言とされる『御遺告《ごゆいごう》』には「勅書、別に在り。即ち真言密教の庭となること既に畢《おわ》んぬ。師師相伝して道場となすべきものなり。豈《あに》非門徒の者をして猥雑せしむべけんや」とある。一つの寺に南都六宗の僧が入り混じっているのがふつうだった当時の日本にあって、「真を護るの謀《はかりごと》なり」として真言密教以外の宗派が初めて排除されたのである。もっとも同書には、密教を内とし、顕を外として必ず兼学すべきとも説かれており、このあたりの巧さが、東寺から他宗を排除しても反発を買わなかった理由だったのだろう。

壇上（場）伽藍
空海が高野山を開く際に、修行の場として真っ先に建設に着手した場所。密教思想に基づいて、塔や堂の配置を考え、胎蔵曼荼羅の世界を表したといわれている。

ところで現代では、真言宗と言えば高野山を思い浮かべるが、活躍の場だった年月の長さを見ても、空海にとって真言密教の根本道場はあくまで東寺だった。『御遺告』には東寺の運営方針についての言及が多く見られるが、とくに、かの青龍寺が不空三蔵によって改名された例に則って、東寺を教王護国寺と号すべしとする条文は、唐で恵果阿闍梨から授けられた密教を、真言密教が余さず継いでいるのだという表明でもあろう。

実際、唐から請来したすべての経巻や法具や仏画を、金剛峯寺ではなく東寺に納めたことを見ても、空海が東寺を日本の青龍寺とみなし、真言密教の根本道場にせんとしていたのは明らかである。密教僧としての修禅は大切だが、その先にある国家鎮護の修法こそ真言密教の神髄という認識だったのだろうか。

八三一年、空海は病を理由に大僧都の職を辞したい旨の上表をするが認められず、なおも都での活動が続く。翌八三二年八月には高野山に完成した金堂で初めて万燈万華会が営まれ、有名な願文「虚空尽き、衆生尽き、涅槃尽きなば、我が願も尽きん」が書かれた。この法会は現代まで継承されているため、仄昏い燈火に埋め尽くされた壮麗な法会を見たことがある人も多いと思う。

ところで、八三二年十一月、病が平癒しないまま高野山に隠棲した後も、空海の思いはなおも都に残っていたのかもしれない。それが証拠に八三四年十二月には「宮中真言院の正月の御修法の奏状」（『性霊集〈補闕抄〉』）において、のちに後七日御修法となる天皇の息災と国家護持の法を宮中で修することが諸

万燈万華会
万の燈明と万の華を曼荼羅に供養する法要で、生きとし生けるものが悟りに入ることを願う法会。空海以降も引き継がれ、高野山奥之院では、さまざまな願いを込めて奉納された燈籠のもと、万燈会が行われる。

虚空尽き、衆生尽き、涅槃尽きなば、我が願も尽きん
宇宙がなくなり、生きとし生けるものがいなくなり、悟りが尽き果てるまで、私の願いは尽きることはないの意。空海の晩年の言葉。これが後の入定信仰につながった。

尊の本願である旨を上表している。「別《こと》に一室を荘厳し、諸尊の像を陳列し、供具を奠付《てんぷ》して、真言を持誦せんとす」とあるのは、師の恵果が宮中に真言院を設けていたことに倣わんとしたのだろう。この上表は直ちに勅許され、宮中に後七日御修法のための真言院がつくられて、年明けにはそこで同法が修されている。宮中真言院での御修法は明治まで続き、その後は東寺の灌頂院に受け継がれて今日に至っている。

また『続日本後紀』によると、空海は一月六日には東寺に真言宗の僧五十人を置くことや僧供料についての奏上、二十二日には真言宗の年分度者を三人にすることの奏上をしており、死期をさとりながら、東寺と真言宗の隆盛のために休みなく心を砕いていたことがわかる。

その空海が、宮中での御修法を終えて高野山に戻ってきたのは一月も末であったはずだが、真冬の雪のなか、すでに穀類を断っていた身体で山を登ってきたことになる。否、空海自身はようやく山へ帰ってきたという思いだったか。『御遺告』に「吾れ入滅せんと擬するは今年三月二十一日寅刻なり」とあるのは後世の創作だろうが、「吾れ閉眼《へいげん》の後には必ず方《まさ》に兜卛他天《とそつたてん》に往生して弥勒慈尊の御前に侍すべし。五十六億余の後には必ず慈尊と御共に下生《げしょう》し――」という大誓願は、ほんとうに成されたのかもしれない。

そして、この遺告から間もない三月二十一日、空海は入滅した。翌年、高弟の実慧が真然《しんねん》、真済《しんぜい》の入唐に際して青龍寺に宛てた書状のなかで「薪尽き火滅

続日本後紀
六国史の第四。仁明天皇の代である十八年間が綴られ、空海の死についても触れられている。

兜卛（率）他天
「都卒天」ともいい、天上界の中でいまだ欲にとらわれている六つの世界の一つ。将来仏となる菩薩が住み、弥勒菩薩が説法をしているとされる。

す」と記しているように、静かな最期だったと考えられる。もっとも、荼毘に付されたらしいことは分かっているが、埋葬の場所は不明である。

空海の死は、当時の一日本僧の入滅としては珍しく、遠く唐にまで伝えられたとされる。また正史『続日本後紀』には順当に卒伝が記され、淳和上皇は弔書を送った。ただし、この入滅が「入定」になるのはずっと先のことである。

第6章　空海、弘法大師になる

真言密教の空洞化

空海の死は、朝廷や親交のあった貴族や地方の豪族、そして弟子たちや宗派の僧侶たちにしばし大きな喪失感をもたらしたに違いない。しかし一方では、弘法大師の諡号《しごう》が最澄や円仁と比べてもずっと遅く、実に死後八十七年目のことであった事実を見ると、意外なことに、その名声は比較的早い時期に一時下火になってしまったと考えられる。

想像するに、生前幅広く各界と交流し、多くの貴族や豪族たちの追善供養を手がけ、様々な願文や追悼文を書いたのは空海個人であって弟子たちではない。残念ながら実慧、真済、真雅《しんが》、智泉《ちせん》ら直系の弟子たちは、東寺や高野山を受け継いだものの、後継者として空海ほどの才覚も名声も持ち得なかったのだろう。

実際、空海を特別な存在にしていたのは、誰にも真似のできない身体体験の深さと、そこからくる絶対的な宗教的確信、そして修法での圧倒的な加持祈禱の力であり、人びとが尊崇したのもそうした特別の験力をもつ密教者空海だった。真言密教とはある意味、空海のような宗教的天才をもって初めて究竟でき

空海の弟子
特に空海が教えを直接伝授した弟子は、実慧、道雄《どうゆう》、杲隣《ごうりん》、円明《えんみょう》、泰範、忠延《ちゅうえん》、智泉《ちせん》、真雅《しんが》、真済《しんぜい》、真如《しんにょ》の十人といわれ、「十大弟子」とも呼ばれる。泰範は最澄の弟子から空海の元に転じた。東寺は実慧→真済→真雅と引き継がれ、高野山は十大弟子ではない空海の甥の真然が継承したとされる。

諡号
生前の功績にちなんで付ける名。空海は九二一年に醍醐天皇から「弘法大師」の諡号を贈られた。最澄は「伝教大師」、円仁は「慈覚大師」。

る世界なのではないかという根本的な懐疑はさておき、宗派を継いだ弟子たちの修法が型どおりの儀式の域を出ず、格別な験力も政治力もなかったとすれば、その後の真言宗に何が起きたかは想像がつく。そう、滅罪の法華経と国家護持の密教の融合に成功しつつあった天台宗に、水をあけられていったのである。

空海亡きあと、高野山は御廟を守ることが座主の第一の務めになったことで、空海が打ち立てた真言密教の探究は疎かになった。最澄亡きあと、弟子たちの手で天台教学の深化が続いた比叡山とは大きな違いである。現に近年の研究では、空海が没して以降、数百年にわたってその著作が宗派内でひもとかれた形跡がない、というのである。にわかには信じがたい話であるが、それが事実なら、祖師空海の眠る御廟はともかく、その生前の偉業はすっかり軽んじられ、あるいは忘れられていったことになる。そんなことになった理由はもとより不明ながら、高野山大学の若手研究者たちは空海の入滅から百年間を、空海の残像が高野山から消えてしまった「暗黒の百年」と呼んでいる。

加えて、東寺と高野山の関係も微妙になってくる。空海の入滅から四十一年経った八七六年、高野山は空海が唐で書写した経文などを集めた『三十帖冊子』を東寺から拝借した。ところがそれを返還せず、ついに東寺長者の観賢《かんげん》が朝廷に返還の院宣を奏請したため、九一六年には高野山の座主無空が当の冊子を含む宝物を持ち出して弟子とともに山を去るという椿事が起こった。かくして高野山は空海の入滅後、わずか八十年ほどで無人となって荒廃し、東寺の観

空海没後の高野山

八三五年　空海没す
八八七年　高野山金剛峯寺の壇上伽藍完成
九一六年　金剛峯寺座主の無空が東寺から借用した『三十帖冊子』の返還を拒否し、門徒を率いて高野山を離れる
九一九年　東寺長者の観賢が金剛峯寺の座主を兼務
九二一年　空海に「弘法大師」の諡号
九五二年　奥之院の御廟が落雷で焼失
九九四年　落雷により壇上伽藍のほとんどが焼失
一〇一六年　祈親上人定誉が高野山の復興に着手
一〇二三年　藤原道長が高野山参詣。荘園を寄進

空海は生きているという入定信仰から、高野山奥之院では毎日二回、御廟に向かって食事が運ばれる

東寺では毎朝六時に空海に食事を供える「生身供」が始まる。
最後に、空海が唐から持ち帰った仏舎利が参詣者の頭と両手に授けられる

空海が入定した三月二十一日に行われる高野山の正御影供。山をあげて報恩をささげる

賢が座主職を兼ねるに至って、九一九年、ついに東寺の末寺に成り下がるのである。

神格化された空海

とはいえ空海を失って約八十年、東寺もまた盤石とはほど遠く、教団の維持と経営のために空海の神格化を急ぐ。九一〇年三月二十一日、東寺はなんと、観賢が灌頂院の空海の肖像を本尊にして御影供《みえいく》を始めるのである。宗祖の肖像を本尊にするとは、真言密教のなんとも大胆な変節である。

さらに九二一年、再三朝廷に奏請してようやく弘法大師の諡号が実現する。このとき勅書を持って高野山に登った観賢が御廟の石室を開けたところ、生前の姿を留めた空海を発見したという説話は、入定信仰という神格化の先駆けである。日本史家の橋本初子氏の著書『中世東寺と弘法大師信仰』によれば、ほかならぬ東寺の御影供が教団の結束を固めたことで、入定留身説が生み出され、空海＝真言宗宗祖とする出発点となったということである。驚くことに、空海は初めから宗祖だったわけではないのだ。

ちなみに「入定」という言葉も、本来は三昧に入るという意味であり、生前空海が高野山の下賜を請う上表文で高野山を「入定の処」と称しているのもその意味だった。それが「いまなお生きて衆生救済を祈願し続けている」という意味に変化し、日本独特の浄土信仰と相まって各地に伝わってゆくなか、「弘

御影供
故人の命日にその影像をまつり、供養する法会。空海が三月二十一日に「入定」したことから、京都の東寺では毎月二十一日に御影堂で行われている。

入定留身
空海が高野山奥之院で生きたままの体をとどめて、瞑想（禅定）に入り、人々の救済に努めていること。

法大師は高野の御山にまだおはします」と、かの『梁塵秘抄《りょうじんひしょう》』にも詠われるようになるのである。

　とはいえこうして概観してみると、御影供や入定信仰による神格化に伴って、本来であれば空海の生前の著作の再発見や再評価が学侶たちの手で大々的になされてもいいはずだが、実際にはそうはならなかった。むしろ、空海は弘法大師になることによって、ますます生前の実像や著作から遠ざかり、ひたすら有り難い尊格になってゆくのだが、これは、著作の研究などは神格化にそぐわないということだったのか。あるいは、教学研究については高野山は端から天台宗ほどの情熱を注がなかったということなのか。はたまた、空海の著作群は、詳細な研究の対象としては経典や経疏の解釈が独創的にすぎ、伝統的な教学の体系では、なかなか手を付けづらいものであったということなのか。答えはおそらく全部だったのではないかと思う。法然や親鸞や道元と違って、あるとき弘法大師という尊格になって歴史に再登場することとなってしまった空海の、奇妙な運命と言える。

浄土信仰の霊場として

　さてしかし、弘法大師の入定信仰は一気に広がったわけではないし、浄土信仰がなければ、高野山詣の流行もなかった。五来重氏は著書『高野聖《こうやひじり》』で、高野山の編年史『高野春秋編年輯録』を基に、空海の甥の真然が八八三年、陽成

浄土信仰
悟りを開いた仏がそれぞれ住む清浄な世界に往生することを願う信仰。なかでも「阿弥陀仏の極楽浄土」への往生を説く信仰が広がった。

梁塵秘抄
平安時代末期に編まれた歌謡集。撰者は後白河法皇。「弘法大師は……」のくだりは、「大師の住所は何処《どこ》何処《どこ》ぞ……」から始まる。

高野聖
高野山を拠点に全国各地を回り、弘法大師空海への信仰を勧め、高野山は浄土であることを説き、浄財を募った僧侶。平安時代末期から登場し、布教しながら行商をする者もいた。

天皇の勅問に対して「金剛峯寺は前仏の浄土、後仏の法場なり」「一たびも歩みを運ぶ者は、無始の罪を滅す」と答えたことを取り上げている。また、『高野春秋』などによれば、歴代の高野山座主は浄土信仰を持っており、山岳霊場としての高野浄土は次第に「阿弥陀の極楽浄土」あるいは「弥勒の浄土」になっていった。

ここでその土台となった当時の日本の精神構造を見ておこう。九世紀から十世紀にかけて、時代は律令体制から、激しい権力闘争を制した藤原氏の摂関政治へ移り、藤原氏への権力と富の集中が進む一方、没落する貴族や地方豪族、そしてその配下の無数の人々が不遇を託《かこ》つこととなった。

さらに都では、早良親王や伊予親王以来、権力闘争に敗れて配流、敗死した者が御霊として畏れられ祀られる一方、九〇一年に藤原時平によって大宰府へ左遷された菅原道真の怨霊は、その後時平と一族を次々に死に至らしめ、大いに畏れられた。ちなみに、祟るものとしての怨霊を御霊として祀るのも、その怨霊をときに調伏するのも、密教や修験の験力であったのは言うまでもない。

こうした権力の浮沈とともに地方で武士が台頭したのもこの時代である。平将門や藤原純友の乱が鎮圧されたことで、結局、体制への不満は恭順に流れを変え、武士も寺社も朝廷になびく道を選んだように、宇多、醍醐朝に至って王朝体制は逆に盤石になっていたのである。

その安定のなかで、朝廷は『弘仁格式《こうにんきゃくしき》』『貞観格式《じょうがん》』『延喜格式《えんぎ》』を撰定し、

格式
律令を補足するための法令集。格は律令を部分的に修正、追加するもので、式は施行細則。嵯峨天皇時代に編纂された「弘仁格式」、清和天皇の「貞観格式」、醍醐天皇の「延喜格式」を三代格式という。

体制のさらなる強化を目指して「穢」の忌避を図った。対症療法だった従来の祓えに代わって、日常の隅々に、穢れを避ける「物忌み」が定められたのである。天皇は仏教に帰依する一方、仏教が退けてきたはずの「穢」「浄」の絶対化によって律令時代からの神祇信仰の強化を図ったことになる。

こうして日本古来の浄穢観念は、インド伝来の浄土信仰を「穢れた黄泉の国ではない極楽浄土への往生」と読み替え、それは九八五年、天台僧源信が著した『往生要集』へと結実する。曰く「厭離穢土《えんりえど》」と「正修念仏」で極楽浄土へ往生できるという同書は、朝廷と貴族、武士にまで広く受け入れられ、人びとは来世の極楽浄土往生を願って阿弥陀仏を拝み、南無阿弥陀仏の念仏を唱え続けた。この、死者の供養と滅罪による来世の安寧が、中世を代表する祈りの一つのかたちである。

ところで、高野山は九九四年には落雷で伽藍のほとんどを焼失し、二度目の荒廃期を迎えた。この時代、寺社の建立や再興には聖たちの勧進が欠かせなくなっていたが、高野山も同様であった。五来氏によると、ときの東寺長者の仁《にん》海《がい》が勧進の願文を書いて摂政藤原道長の後援を得たものの、それだけでは事が進まず、一〇一六年に高野山に登った祈親上人定誉が聖たちを率いることで、ようやく勧進は成功したという。

こうして聖たちが念仏を持ち込んだことで高野山に浄土信仰が根を下ろし、その浄土を、弘法大師の入定留身がさらにありがたいものにしてゆくのである。

往生要集
平安時代中期の天台宗僧侶、源信の著作。念仏を勧め、極楽浄土の阿弥陀如来の国に往生することを説いた。地獄の詳細な描写で知られる。

第7章　高野浄土

貴族たちは高野山を目指す

東寺長者仁海は、かつて空海の甥の真然が陽成天皇に高野霊境を説いたのに倣い、「高野山は十方賢聖常住の地、三世諸仏遊居の砌《みぎり》なり。善神番々して之を守り、星宿夜々に之に宿る」（『高野春秋』）と、摂関政治の全盛期を築いた藤原道長に高野浄土思想を説いた。そして一〇二三年、ついに道長の高野山登拝が実現する。高野山開創以来初の、最高権力者の参詣である。

高野山は九九四年の雷火で堂塔伽藍の大半を焼失していたが、この日のために座主や祈親上人の尽力で急ごしらえの拝殿（現・燈籠堂）も整備され、まさに高野山史に残る大イベントとなった。このときの法要の式次第は後の貴紳たちの参詣法要の先例となり、高野山に代々受け継がれていったとされている。

では、道長は高野山でどんな法要に臨んだのだろうか。元高野山大学教授の日野西眞定《しんじょう》氏著『高野山民俗誌・奥の院編』によると、まず道長が『金泥法華経』一部八巻と『理趣経』三〇巻を納経した後、御法事となる。『高野春秋』『高野御幸御出記』などの記録に見る限り、御法事は天台僧が御廟の前で法華

理趣経
密教の根本経典。真言宗では日常的に読誦される。人間は本来清浄な存在で、真実の智慧の目で見れば、欲望さえも清浄である、などと説く。

経の読経と講演を行う法華会であり、その後高野山の僧たちによって『理趣経』の題目だけ奉唱されたらしい。

道長に続く後の貴紳たちの参詣においても、同様に御法事は天台僧による法華会であったらしいが、いったいなぜ高野山で法華経なのか。なぜ天台僧の法会なのか。法華経についてはやはり、滅罪の功力という面で聖徳太子以来もっとも親しまれた経典だったためと考えられるが、その分、密教経典の影が薄くなっているところに、浄土信仰の霊場と化した高野山の姿が映し出されている。また、なぜ天台僧かという点についても、法華経を講じるのであれば天台僧が相応しいといった話ではない。道長の参詣以降、延暦寺の第五世天台座主、智証大師円珍の門徒が代々上皇や貴族たちの法会の導師となっていったが、そこには空海の入滅以降の天台宗と真言宗の格の違いが明らかに垣間見えるのである。

さらに言えば、平安時代後期に、空海の御廟の前に経典を埋める埋経《まいきょう》が大流行したのも、空海の入定留身が弥勒菩薩の下生と重ね合わされることで、より強く浄土が意識されたためだろう。高野山はもはや真言密教の道場というより、人びとに死後の安寧を約束する霊場として日本じゅうに認知されていたのである。そしてそれゆえに、宗門としての格式のほうは天台宗に譲る結果になったと考えられる。

とはいえ、艱難辛苦して我先にと高野山に登った王朝の貴紳たちは、空海の

埋経
弥勒菩薩がこの世に現われる時にそなえて、経を残すために経塚に埋めること。寺社に納める場合は納経。

入定留身を固く信じていたようだし、弥勒菩薩と結びついた弘法大師空海に、格別の崇敬の念を抱いていたのは間違いない。だからこそ式次第に則って奥之院に籠もり、数日をかけて法要を営み、御廟に燈明をささげ、経を埋めたのである。

そこではもはや、大日如来も曼荼羅も荘厳な法会の背景に過ぎない。代わりに貴紳たちがひたすら法華経の功力と弘法大師の御影にひれ伏して祈る場となった奥之院、あるいは御影堂を彩るのは、神々しい燈明である。

日野西氏は仏教民俗学者の五来重氏の研究を引いて、御廟では空海の入滅直後から浄火が焚かれていたとするが、やがて燈明にかたちを変えて奥之院や御影堂を飾るようになった浄火への信仰も、平安の貴紳たちがこれを先導した。記録には、一〇四八年に藤原頼通が拝殿に十万燈を奉納し、一〇八八年には白河上皇が三十万燈を奉納した、とある（但し、土器一枚を一万と数えたらしい）。また、一一一八年十二月には拝殿に初めて「消えずの火」（常燈明）二燈が掲げられ、これがやがて白河燈、祈親燈と呼ばれるようになった。この二燈の施主は分かっていない。

日野西氏によれば、この消えずの火の信仰は、羽黒山や立石寺《りつしやくじ》（山形県）、厳島の弥山《みせん》（広島県）に見られるものと同じであり、とくに弥山のそれはもっとも古い姿を残しているという。厳島は神の島であるが、人の常住を禁じていた時代にも弥山には霊坊があり、僧侶がいたことを記した文書が現存する。僧

立石寺
山形市にある天台宗の寺院。創建は八六〇年。山寺の通称で親しまれ、松尾芭蕉が「閑さや岩にしみ入る蟬の声」を詠んだ句碑がある。

たちは弥山の頂上で護摩を修したようで、その火が龍燈の杉伝説ともなったが、火はやがて南北朝時代に建立された求聞持堂に移され、消えずの火となって今日の霊火堂に伝わっている。空海自身が厳島を訪れた記録はないが、空海に連なる真言行者、もしくは覚鑁《かくばん》の弟子がこの地に求聞持法を広めたのは史実のようである。

今日、凪いだ瀬戸内海に臨む厳島神社はひたすらうつくしく、聞こえるのは観光客の明るい声ばかりである。しかし山へ一歩足を踏み入れると、しんと静まった霊験あらたかな気配に満ちており、ここが神々と祖霊たちの集まる浄土であることを想起させられる。弥山の消えずの火も、明らかに祖霊信仰と結びついているのであり、密教本来の儀礼ではない庶民信仰として、広く受容されてきたことが窺える。

思えば、空海が生前に高野山で執り行った唯一の法会である万燈万華会も、庶民に寄付を募る狙いがあったにせよ、本来は仏と山の神々と祖霊に燈火と花をささげるものであった。信仰とは本来素朴なものだろうし、庶民の信心に至ってはなおさらである。素朴であるゆえに、燈明信仰と万燈会は二十一世紀になお生き続け、奥之院の燈籠堂を飾る無数の燈火は、日本人のこころの風景になっているのだと思う。

それにしても、死の穢れから逃れ、死者を供養して自身の死後の成仏を希求する王朝時代や中世の人びとの祈りは、いかに真剣なものだったか。法華経が

龍燈の杉
広島県・厳島周辺では旧正月初旬の夜になると、海面に「龍燈」といわれる謎のあかりが現れる。龍燈が最もよく見えるのが、弥山の山頂の大きな杉で、「龍燈の杉」と呼ばれた。

覚鑁
平安時代後期の真言宗の僧侶。鳥羽上皇の支援を受け、高野山に大伝法院を建立、座主に就任した。真言宗の改革運動を推進したが、反対派の僧に襲撃されて高野山を追われ、根来寺《ねごろじ》（和歌山県岩出市）を建て、浄土思想を取り入れた密教の教学研究に励み、新義真言宗の宗祖と呼ばれる。

説く久遠実成《くおんじつじょう》の仏への一念信解の祈りというより、むしろ祟りや黄泉や地獄を信じる神祇信仰の心象を基層にした日本独特の祈りというほうが当たってはいるが、慈尊院からの町石道を歩いて登る高野詣の隆盛には、日本人の信心深さの源流を見る思いがする。

　とまれ、藤原道長に始まった権力者たちの高野詣は、藤原頼通、白河上皇、鳥羽上皇、藤原頼長、後宇多法皇と続き、室町時代の将軍足利義教《よしのり》までで二六例ほどにもなる。ほかにも、平安時代になって政治から遠ざけられた貴族の女房たちも、現世になにがしかの空虚感を抱きながら、南無阿弥陀仏の念仏とともに高野浄土を目指した。また時代が下るにつれ、『往生要集』に深く感化された武士たちも、己が殺生の罪を浄化せんとして高野詣をしたほか、殺生を生業とする漁労民も己が滅罪と成仏を願って高野山に登ったというから、中世の日本人の何という信心深さだろうか。

高野聖とお大師さん

　こうして庶民レベルにまで広がった高野詣については、全国に弘法大師の入定留身と高野浄土を説いて回った高野聖の存在を忘れるわけにゆかない。

　明治三三年（一九〇〇年）発表の『高野聖』で、泉鏡花は行脚の高野聖の風体について、角袖の外套に白いフランネルの襟巻、白足袋に日和下駄などと描写した後、「一見、僧侶よりは世の中の宗匠というものに、其《それ》よりも寧ろ俗歟《か》」

久遠実成
釈迦ははるか昔に悟りをひらき成仏し、人を教化してきたという教え。

町石道
和歌山県紀の川流域の慈尊院（九度山町）から高野山に登る全長二四キロの参詣道。道しるべとして一町（約一〇九メートル）おきに木製の塔があったが、鎌倉時代以降は仏尊を示す梵字や残りの町数を刻んだ一八〇基の塔婆のような石柱に変わった。

と書いた。小説に登場する聖は当時の世間一般のイメージ通りの清廉な行者だが、作家の眼はそれ以上に正直である。鏡花の眼に映った明治期の高野聖は、千年を超えるその歴史が物語っている通り、僧侶というよりはやはり、俗の雰囲気であったということだ。

　聖の誕生は奈良時代にまで遡る。山林に起居して種々の苦行を重ね、なにがしかの験力を得て、民衆の求めに応じて呪術や祈禱を行った半僧半俗の優婆塞《うばそく》がそれである。有名なところでは役小角や、東大寺の大仏造営の勧進をした行基がおり、無名の若き空海や『三教指帰』に登場する仮名乞児も、徒衆は持ってはいなかったものの聖の系譜に連なる。

　彼ら聖とその徒衆は、寺や橋などの造営や社会事業のための勧進を行う専門集団として存在し、機能していた。勧進は作善《さぜん》であり、修行ではあったが、多くは妻帯をし、肉食や女犯も少なくはなかった。かの西行も聖だが、女性たちとの浮名はつとに有名である。また、なかには悪事を働く輩もおり、集団で都市や村々を徘徊しては、しばしば民衆をたぶらかしていたことが『続日本紀』や『日本後紀』に記されている。

　とはいえ五来重氏の名著『高野聖』を待たずとも、これは仏教の堕落や社会の騒乱というより、古代のアニミズムを引き継いだ信心深い中世民衆の宗教的熱狂の風景の一つだろう。高野浄土を説いて諸国を行脚する聖たちの姿もまた然りである。現存する各種の「洛中洛外図屏風」には、いずれも市中を行く聖

行基
奈良時代の僧。法相宗を学び、民間布教や道場、寺院の建立のほか、社会事業にも尽力し、人望を集めた。聖武天皇による盧舎那仏（大仏）造立にも協力し、大僧正となった。

西行
平安時代末期の歌人・僧。元は武士で、出家後、高野山に住み、奥州、四国などへ旅をしながら、歌を残した。新古今集には最多の九四首が選ばれた。

かつての高野山の玄関口「大門」の前で

高野山改革を目指した覚鑁を祀る奥之院の密厳堂。
覚鑁は金剛峯寺と対立し高野山を追われた

身寄りのない人たちを供養する小さな石塔がピラミッド状に積み上げられた奥之院の無縁塚。
無名の高野聖たちの祈りが伝わってくる

の姿がさまざまに描かれており、いかに聖が日常の風景であったかが窺える。

民衆に広く受容される宗教が、民衆の切なる願いや欲望をすくい上げることに長けているのは当然である。全国津々浦々をめぐり、口八丁手八丁で勧進を行った彼ら聖たちが無垢の求道者であろうとなかろうと、聖の存在がなければ、奈良の大仏も今日の高野山もなかった。その事実こそ、注視すべきである。

聖の隆盛は、現世の利益と死後の極楽往生を求める民衆の需要があったことのほかに、仏教が朝廷の手厚い庇護の下にあった律令制の終焉とともに、寺の経済的基盤を聖たちの勧進に頼らざるを得なくなった時代状況の変化が大きな要因とされる。聖なくして寺の造営など出来なくなっていたのである。荒廃した高野山の再興も、祈親上人定誉が聖集団を組織し、勧進に奔走して初めて成ったことである。にもかかわらず、かの藤原道長の高野山登拝の公式な記録に、そのとき拝殿の再建に尽力した定誉の名は登場しない。

またたとえば、三十万の燈が奉納された一〇八八年の白河上皇の御幸のときも、当時高野山で相当な勢力となっていたにもかかわらず、別所聖の聖人《しょうにん》は法会の請僧にされなかった。平安末期の高野聖はいずれも身分の低い下級の僧であったのだ。史料によると、覚法法親王が別所聖を大いに引き立てた十二世紀半ばには、聖たちは山内の法会に進出していたようだが、それでもなお、彼らの多くは実名が分からないままである。

五来氏の『高野聖』に沿って高野聖の歴史を概観しておこう。初期の聖は、

覚法法親王
平安時代後期の皇族・僧。白河天皇の第四皇子で、京都の仁和寺の門跡（住職）も務めた。一一四七年から一一五〇年まで毎年高野山を参詣し、聖たちと関係を深めた。

定誉が集めた勧進集団が高野山に棲みついたものを、南都興福寺（奈良県）の別所である山城（京都府）は小田原の、迎接房教懐《ごうしょうぼうきょうかい》が入山して組織化したものだった。このとき、寺や僧侶の世話をする行人聖と、真言念仏の唱導をする念仏聖が一つになって高野聖の原形ができたが、やはり学侶との身分の差は歴然であったらしい。

一方で、教懐聖人の時代にはすでに千人を超える聖が高野山におり、彼らには勧進による資金力もあった。藤原道長の登拝以来、高野浄土の呼び声が高まり、庶民にも広まりつつあった平安末期、学侶側も浄土信仰を無視できなくなっていったのは自明のことである。高野山では、もともと学侶は金剛峯寺（壇上伽藍）、聖は奥之院の御廟の管理という棲み分けが早くに成立していたが、そこに別所聖の勢力を利用して両者の統合を画策した覚鑁のような異端も登場する。

覚鑁は、祖師空海の教理の研究機関である大伝法院と、念仏のための密厳院を新たに設立する。ところが、大伝法院はまさに学侶のお株を奪うものだったため、金剛峯寺と覚鑁の対立は武力衝突にまで発展した。結局、覚鑁は衆徒七百人を連れて根来（和歌山県岩出市）へ去るのだが、結果的に密厳院は高野山に残り、念仏はさらに根を張ってゆくのである。

五来氏によれば、源平争乱期に高野聖は専修念仏の色合いを深め、平安末期に始まった高野納骨と併せて高野山は念仏一色となった。これが中期高野聖で

迎接房教懐
平安時代中後期の僧。出家して奈良の興福寺に入った後、怨霊に苦しめられ、山城の小田原に居を移した。七〇歳ごろ高野山に入り、密教と念仏を兼修して初期高野聖の集団をつくりあげ、高野聖の祖ともいわれる。

あり、聖の全盛期でもあった。代表的な頭目には東大寺再興の勧進で活躍した俊乗房重源《ちょうげん》、信西《しんぜい》入道（藤原通憲《みちのり》）の子である明遍《みょうへん》僧都、臨済宗法燈派の心地《しんち》覚心《かくしん》がいる。

この時期、聖たちの勧進圏は全国規模になり、弘法大師の入定留身と高野浄土を説いては、高野納骨や祖霊供養をすすめて回った。日本全国に残る弘法大師の井戸や逗留の伝説は、聖たちの足跡そのものである。南無阿弥陀仏の六文字に節をつけて詠唱される念仏は、どんな説教よりも民衆の心身に響いたことだろう。ちなみに平安末期から鎌倉時代の高野聖の念仏は、融通念仏であった。念仏の回数と自分の名前を名帳に記入して喜捨をすれば、時空を超えた無数の念仏の功徳が得られるという触れ込みは、大衆の動員に大いに役立ったに違いない。また、融通念仏の詠唱に合わせて踊る念仏を唱導した覚心の萱堂《かやどう》聖などは、豊かな庶民芸能の要素も持っていたことになる。

とまれ、民衆はこうしてひたすら高野浄土を思いつつ聖に遺骨を預け、大師のお札を買い、喜捨をして高野山を支えた。今日私たちが知る奥之院の二十万基の墓や供養塔には、中世からこのかた日本人が唱えてきた無数の念仏が滲み込んでいるのである。

ところで、室町末期には高野聖は変質し始め、江戸時代には幕府によって真言宗に帰入させられるか、念仏踊の道化などに堕して、高野聖は高野山史から抹殺された。それでもなお、日本仏教を底辺で支えた高野聖は、高野山と弘法

俊乗房重源
平安時代末期から鎌倉時代初期の僧。京都の醍醐寺で真言密教を学んだ。平重衡《しげひら》の焼き打ちで焼失した東大寺再建の大勧進職に任命され、復興を果たした。

明遍
平安時代末期から鎌倉時代前期の僧。一一五九年の平治の乱で殺された藤原通憲の子。三論宗を学んだ後、高野山に入った。念仏を修し、浄土宗を開いた法然の門下とされる。

心地覚心
鎌倉時代の臨済宗の僧で、法燈派の祖。高野山で真言密教と禅を学び、宋にも渡った。

大師を千二百年生き延びさせた最大の功労者であることに疑いはない。そう考えると、弘法大師に庶民性があったというより、むしろ無名の聖と民衆の尽きない信心が弘法大師に乗り移り、庶民に親しまれる「お大師さん」を生み出したのだと思えてならない。

第8章　祈りのかたち

お不動さんと現世利益への希求

私たちが「お不動さん」と呼ぶ不動尊（不動明王）は、『大日経』の「具縁品」や「息障品」に「動かないもの」として登場する。不動尊なる名称は、サンスクリット語の原典がチベット語に訳され、さらに漢訳される過程で形成されていったようだが、これを眼に見える曼荼羅の尊像や彫像として日本へ請来したのが空海である。

具体的には密教の実践面を解説した『秘蔵記』に「五忿怒《ふんぬ》をもつて五智に相宛《あ》つ」として、如来（自性《じしよう》輪身）―菩薩（正法《しようぼう》輪身）―明王（教令《きようりよう》輪身）の三《さん》輪身《りんじん》が示される。それによると、大日如来―般若菩薩―不動明王となり、さらに阿閦《あしゆく》仏―金剛薩埵―降三世《ごうざんぜ》明王、宝生仏―金剛蔵王菩薩―軍荼利明王、無量寿仏―文殊菩薩―大威徳明王、不空成就仏―金剛牙《げ》菩薩―金剛薬《や》（夜）叉《しや》明王、となる。今日、東寺の立体曼荼羅で見ることのできる五大明王がこれである。

空海の遺稿を覚鑁が編纂したという説のある『五部陀羅尼問答偈讃宗秘論』に、降三世明王について「怒りを現ずるは降伏のためなり／摩《ま》醯《けい》（大自在天）

五忿怒をもつて……　五大明王を五仏・五菩薩にあてて説くこと。

化を受けず威力をもって化せんには如《し》かず」とあるように、忿怒の形相をした明王たちは如来の使者として、教化を受けようとしない者を恐ろしい形相と剣や業火で降伏させ、悟りへと導くために働く。彼らの自性輪身は如来だから、たとえば大日如来自身がときに般若菩薩に姿を変え、ときに不動明王に姿を変えるわけである。

こうした忿怒形はインドの土着の神々が起源だというが、そのインドでもチベットでも忿怒尊はあまり信仰を集めなかったらしい。それが空海によって日本に請来されるやいなや広く信仰され、特別な発展を遂げたのはなぜだろうか。

仏教学者の渡辺照宏氏は、著書『不動明王』で、異形に対して畏怖と魅惑を抱くヌミノーゼという宗教感情を挙げる一方、物の怪や怨霊が跋扈していた平安期には生易しい尊形では物足りなかったのではないか、とも指摘する。これも、空海の密教が当初から、本来の即身成仏より、国家鎮護と増益の方便、あるいは怨霊を鎮めるものとして受け入れられたことの傍証となろうか。

実際、率先して不動尊信仰を取り入れた十世紀半ばの宮中では、五大明王を本尊にした五つの護摩壇を並べて、五人の阿闍梨が同時に修法を執り行う五壇の御修法が始まり、さまざまな増益の祈願が行われた。その禍々しさや神秘性は、炎に照らし出される忿怒尊の姿によって、いやが上にも高められたに違いない。この五壇の御修法は『源氏物語』にも登場するし、『枕草子』でも「きらきらしきもの」の一つに数えられている。

ヌミノーゼ
非合理的なものこそ神聖なものだとする、神学者ルドルフ・オットーが定義した概念。

五壇の御修法
『紫式部日記』や『源氏物語』で加持祈禱のシーンにしばしば登場する。『枕草子』でそのさまを「きらきらし」と表現しているが、輝いて見える、堂々として威厳があるという意。

成田山大阪別院明王院で毎日行われる護摩祈禱。僧侶が声を張り上げて読経する

歯をむきだし目をかっと見開いて睨みつける不動明王。煩悩を焼き尽くす姿とも言われる。広島県廿日市市宮島の大聖院

平安期から室町時代まで、不動尊を信仰した歴史上の人物は平清盛をはじめ、文覚上人《もんがくしょうにん》、武蔵坊弁慶、護良《もりよし》親王、北畠親房《きたばたけちかふさ》、足利尊氏など枚挙にいとまがない。また、縁日や講というかたちで庶民が日常的に神仏に親しみ、観音霊場や四国霊場を巡るようになった室町時代には、聖や修験者を通して不動尊信仰も民衆の間に広がり、さらに戦国武将から江戸幕府や江戸の庶民へと浸透していった。その代表例が、二十一世紀のいまも毎年初詣でにぎわう成田山新勝寺（千葉県）や川崎大師（神奈川県）である。

成田山新勝寺は九四〇年、わざわざ京都の神護寺から招来した不動尊の力で平将門の乱を鎮めたとされている。かくして同寺は、かの水戸光圀も参詣するなど、東国鎮護のために江戸幕府によって手厚く庇護された。その一方、種々の病の平癒や海の安全にご利益があるとして、魚河岸、米問屋、材木問屋などの商人のほか、歌舞伎役者、火消し、職人など、江戸庶民の信仰も集め、幕末には関東一円で二百ほどの講があったという。有名なところでは、市川團十郎と成田山の因縁があるが、私たちのよく知っている謡曲『調伏《ちょうぶく》曾我』や『安宅』『黒塚』はもちろん、江戸歌舞伎の演目『小栗判官』『出世隅田川』『勧進帳』などにはいずれも不動尊や不動尊信仰を伝える山伏が登場し、團十郎が代々それらを演じてきたのである。

もっとも今日では、成田山と言えば車のお祓いのほうが有名だろう。車のお祓いの発祥は、実は大阪別院明王院のほうだそうで、同院の加藤義尚《ぎしょう》氏による

文覚上人
平安時代末期から鎌倉時代初期の武士・僧。源頼朝と親交を深め、平家滅亡前後から頼朝や後白河法皇の庇護を受け、神護寺や東寺、高野山の復興に尽力した。

護良親王
後醍醐天皇の皇子。天台座主を務め、その後還俗して後醍醐天皇による鎌倉幕府討幕運動の中心となった。

北畠親房
鎌倉時代後期から南北朝時代の公卿。後醍醐天皇の信任が厚く、南朝の重臣となった。南朝の正統性を説いた『神皇正統記』で知られる。

と、車も道路も粗悪だった一九六〇年ごろ、運転者にとって切実な課題だった交通安全を祈願してほしいという要望に応えて始めたものだそうである。仏への帰依に関係はなくとも、衆生の悩みに可能な限り応えるのが不動尊の本誓《ほんぜい》であれば、車のお祓いもさほど奇異ではないということかもしれない。実際、百台を収容できる専用駐車場を備えた明王院の祈禱殿では、今日も太鼓をドドンドドン鳴らしながら、僧侶たちが交通安全の祈禱に声を張り上げている。

ちなみに成田山も川崎大師も新義真言宗であるため、古義真言宗の高野山では禁じられている太鼓などの鳴り物を、法会で盛んに使う。両寺とも一～二時間毎に護摩を修して参拝者が購入した護摩札に加持をするのだが、その間、本堂全体が揺れるほど太鼓が打ち鳴らされ、それに負けじと役僧たちの読経が響きわたる。その賑やかな光景には、千年前の宮中で行われていた御修法の幽玄の代わりに、徹底して庶民の現世利益に寄り添う分かりやすさ、公明正大さがあると言える。そもそも不動尊が衆生のために働く奴僕《どぼく》の姿をしていることを見ても、護摩が貴人のための秘儀でなければならない理由はどこにもないのである。

とまれ不動尊は、あるときは宮中の奥深くで営まれる国家鎮護の秘儀の本尊となり、あるときは武将たちが敵の調伏のために拝む血腥《ちなまぐさ》い本尊となった。またあるときは庶民が歌舞伎役者の演じる不動明王にやんやの喝采を送り、二十一世紀のいまも庶民が家内安全や合格成就などと書かれた護摩札を買っては不

新義真言宗
空海を宗祖とし、覚鑁を派祖とする宗派。高野山を中心とする真言宗を「古義」と呼ぶ。大伝法院の創建をめぐり、金剛峯寺座主だった覚鑁は高野山を追われ、根来寺（和歌山県岩出市）を建立し、教学研究に励んだ。古義は大日如来が直接説法するという立場に対し、新義は衆生の利益のために加持身となって説法するという説をとる。

動尊の前で一心に頭を垂れ、手を合わせる。そういうものとしての不動尊信仰は、仏教本来の菩提心や八正道から遠く離れてしまったとはいえ、それゆえにこの日本の信仰の原風景になったのだと思われる。

では、そこにある信仰のかたちとは何か。成田山や川崎大師で売られている護摩札の種類を見ると、交通安全祈願をはじめ徹頭徹尾、個々の現世の増益に応えるものとなっている。極楽浄土も遠いものになった現代人には、先祖供養でさえ、いまを生きる自分や家族の息災のためにある。こうした現世の幸福の希求は、初詣がそうであるようにひたすら明るい祈りとなって生活風景に溶け込む一方、空気のように軽くもなっているのだが、どんなに軽くなっても、千二百年にわたって日本人の切実な祈りを背負ってきた不動尊への思いの記憶は、私たちのDNAに確かに刻まれているのである。思えば、空海が唱えた即身成仏やそのための三密修行や種々の修法も、すべてがほかならぬ衆生済度のためにあったのだが、二十一世紀のいま、私たち日本人がいまなお空海の請来した不動尊に手を合わせ続けていることに、あらためて驚きと感慨を覚えざるを得ない。

八正道
釈迦が最初の説法で説いたと伝えられる修行の八つの基本。正しい見解、決意、言葉、行為、生活、努力、思念、精神統一を言う。

死や病を抱えてお大師さんと出会う路

ところで、ひとたび都会の現代生活の喧噪を離れると、そこには明るいという一語では括れない、さまざまな日本人の祈りがある。二〇一四年は四国霊場開場千二百年の観光キャンペーンが四国各県で行われ、遍路があらためて脚光を浴びた年だった。ネットによる情報の浸透もあり、若者の歩き遍路や外国人観光客の姿も目立って増えて、遍路はいまやブームと言える盛り上がりとなっている。

　巡礼路は全国各地にあるが、なかでも四国は四方を海に囲まれ、山も深く、独特の孤立感のある土地柄のせいだろう、奈良時代の昔から修験や修行の地として沙門空海を育み、時代が下るにつれて修行者の巡礼の地となり、補陀落《ふだらく》渡海の壮絶な信仰も生まれた。

　この巡礼が、一般庶民の間に四国遍路として広まるのは『四国遍路道指南《みちしるべ》』なるガイドブックが出た江戸時代であるが、全長一四〇〇キロという遍路道の長さは、世界に類を見ない。ちなみに世界遺産のサンティアゴ・デ・コンポステラの巡礼路はスペイン国内で約八〇〇キロ。巡礼者の数は年間十万人だそうだが、四国遍路のそれは十五万人である。しかも、四国遍路はイスラム教徒のメッカ巡礼がそうであるような、公に課せられた義務でもない。古くは修行者たちが悟りや験力を求めて自発的に独居し、時代が下ると僧侶たちが修行のためにすすんで巡礼をし、さらには庶民が主に祖霊供養のために自ら決意し、一四〇〇キロを歩き続けてきて今日に至っているのである。

　それにしても、四国霊場はほかの巡礼地に比べて圧倒的に死のイメージが濃い。古くから死霊の集まる山として知られていた七十一番札所の弥谷寺《いやだにじ》を筆頭

補陀落渡海
観世音菩薩の住む山とされる補陀落を目指し、小舟に一人乗り海に出る捨て身の修行。平安時代中期以降に熊野灘（和歌山県）や足摺岬（高知県）で行われた。

四国遍路道指南
大坂で活動していた宥弁真念による江戸初期の巡礼ガイド本。

に、深い山にある古刹の多くは、数百年間の死者への祈りがこもり、足を踏み入れるだけで観光客でも息苦しさを覚える。

死といえば、四国遍路は行き倒れも日常であった。海抜九〇〇メートル超の高地にある六十六番札所雲辺寺《うんぺんじ》から麓に至る旧遍路道（香川県観音寺市粟井町）の路傍に、地元の「へんろ道研究会」の有志が二〇一〇年に整備した遍路墓地がある。道路工事で掘り出された古い墓石を集めたもので、出身地は山形から宮崎まで、年代は一七二四年（享保九年）から一八六四年（元治元年）までの二四基が雑木林の縁に並んでいる。

江戸時代の初めから、無名の庶民が山道を遍路姿で行き交い、途中で行き倒れた者は集落の人びとが穴を掘って埋め、死者の所持金に見合った墓石を立てて供養してきたのである。研究会によれば、周辺には二、三百の墓石が埋もれているとのことで、遍路道は文字通り死者とともに歩く道だと言える。私が現地を訪ねたときにちょうど居合わせた歩き遍路の男性は、険しい道でも死者に守られているのを感じる、と話していた。

ところで、少し前まで四国霊場はハンセン病患者が物乞いをして歩く遍路道であったし、故郷を追われた障害者や犯罪者が露命を繋ぐための遍路道でもあった。そうした人間社会の澱を引き寄せ、ときに厳しい差別も含みながら、かろうじて土地全体でそれを受け入れてきたのは、まさに信仰というものだろう。半ば観光地化した今日の四国霊場が、それでもなおほかの巡礼地に見られない

ハンセン病
ノルウェーの医師ハンセンが発見した細菌「らい菌」による感染症。末梢神経や皮膚が侵されるが、感染力や発病力は極めて低く、一九四〇年代以降は特効薬が発明され、治癒が可能となった。日本では一九〇七年にハンセン病患者の隔離政策が始まり、一九三一年に制定された「癩予防法」でそれまで限定的だった隔離の対象を全患者に拡大。一九五三年の新法「らい予防法」でも隔離政策を維持していたが、一九九六年になってようやく廃止された。

仄暗さを湛えているのは、巡礼者がこうして死や病や社会からの疎外を抱えて歩き、祈る道だったからである。近世までの四国遍路は、ほかの巡礼に比べて相対的に窮民が多かったことも知られている。

ここに『四国遍路の宗教学的研究』というたいへん面白い本がある。著者の星野英紀氏は、文化人類学者岩田慶治氏や青木保氏の説を引いて、今日の巡礼は「自分の所在を納得するための手続き」だとする。個人が自分という存在を確認するための自己覚醒の儀礼だというのである。なるほど、仕事に疲れた働き盛りの男性たち、伴侶を失った高齢者たち、孤独な自分探しを続ける若者たちなど、今日のお遍路の肖像の多くがこれに当てはまりそうである。

巡礼者は日常生活の時間と空間を一時脱却し、聖地という非日常に滞在した後、日常に復帰する。その非日常では、日常に存在する社会的諸構造から自由になる。ひとたび白装束を身に着ければ、社長も平社員もない。階級や差別や不安や不満などの日常から一時的に解放されるのである。また、白装束に象徴される疑似的な死と、そこからの再生というドラマもある。歩くうちに人生観が変わってゆくというお遍路たちの述懐は、非日常を通過して再生するということを言っているのだろう。

とまれ、先祖供養や病気平癒を祈願し、はたまた自分探しの旅をする善良なお遍路たちの気分を一言で言えば、高揚と多幸感であろう。そしてその高揚こそが、ときにお大師さんを出現させる当のものだと思う。四国霊場の随所にお

二十一番札所·太龍寺に向かうお遍路。徳島県阿南市

旧遍路道沿いの墓地。地元の人たちが整備したもの。香川県観音寺市

わす弘法大師は、真言密教を確立した僧空海ではない。千年に亘って聖たちが伝え歩いてきた「いまも奥之院で生きている大師」である。生きているので、遍路のさまざまな時と場所に姿を現す。文字通り、「同行二人」である。実際、お大師さんに遇ったという話は枚挙にいとまがないが、その人自身は確かにお大師さんに遇っているのだろうし、現に遇った以上、大師は生きているという以外にない。こうして弘法大師への熱い信仰が空気のように遍路道に充満してゆくのである。

そして、この空気は地元の人びとにも伝染する。祭囃子が聞こえてきたら自然にこころが浮き立つのに似て、お遍路の姿を見ると自然にありがたい気持ちが湧き、お接待に走る。四国遍路に特有のお接待は、大師への喜捨という側面もさることながら、地元の人びともまたある種の高揚感に包まれていると考えるほうが分かりやすい。

他県からのお遍路を驚かせる無償のお接待や、無料もしくは無料に近い金額で行きずりのお遍路に宿を提供する善根宿も、キリスト教の巡礼者をもてなすホスピスの宗教的献身に比べると、まったく素人っぽい善意の高揚が見られるだけであり、個人的に大師信仰はないと話す人すらいる。ユースホステルとも違うその空気は、まさに善根宿としか呼びようのない非日常の多幸感に満ちている。部屋も寝具も、日常ではおそらく使用に耐えない粗末さながら、老若男女のお遍路たちが一夜の宿に随喜して備え付けのノートに感謝の言葉を綴る。

同行二人
弘法大師と二人連れで巡礼するという意味。遍路の身に着ける笠や白装束にも書かれている。

そもそも若い女性や高齢者が、野宿をしながら四十、五十日と遍路を続けることと自体、常軌を逸しているのだが、それが自然に行われ、受け入れられ、歓待されるのが四国遍路なのである。

もちろん、年間五千人の歩き遍路の隣には、観光バスを連ねての遍路ツアーがあり、四国霊場は明るい観光地の顔ももっている。たとえば弘法大師御誕生所として有名な善通寺は、その規模から見ても四国霊場を代表する寺である。市と町の名前にもなっているとおり、総高四三メートルの五重塔は市街地を見下ろすようにそびえ立ち、東西に分かれた広大な敷地には、大小さまざまなお堂が所狭しと建ち並ぶ。

中心は、唐の青龍寺を模したとされる東院の金堂と、空海が誕生したとされる佐伯氏の邸宅跡に建てられた西院の御影堂であるが、境内にひしめき合うのは真言密教の寺ならではの堂宇だけではない。天神社・龍王社・五社明神といった神社があり、佐伯氏や後嵯峨、亀山、後宇多の三帝御廟があり、なぜか法然上人の供養塔や親鸞堂があり、足利尊氏の供養塔があり、パゴダ供養塔なるものもある。五百羅漢像があり、宝物館があり、もちろんお砂踏みの道場もある。そう、一言で言えば、日本人一般の日常的な信仰の需要にくまなく応えることのできる宗教のデパートである。また、第七十五番札所でもあるが、四国巡礼とは関係なく観光バスを連ねて他県から団体客が訪れる光景は、まさしく観光名所のそれである。

佐伯氏
空海の父は、地方の豪族だった佐伯直田公《さえきのあたいたぎみ》。父の名前に関しては佐伯善通《よしみち》とする伝承もあり、善通寺の名称はここからとった。母方のおじは、儒学者の阿《あ》刀大足《とのおおたり》で、空海が漢籍を学んだといわれる。

お砂踏み
霊場の各寺院の本尊を一ヵ所に並べてまつり、本尊の前に各寺院の境内の砂を敷き、それを踏みしめながら礼拝すること。直接巡礼したのと同じ御利益があるといわれる。四国八十八ヵ所霊場のお砂踏みが有名。

善根宿を訪れた著者。十二平米の部屋に四、五人が泊まることもあるという。
壁には遍路の納札がびっしりと貼られている。徳島県上板町

遍路道の脇に建つ小さな丁石地蔵はお遍路さんの道しるべでもある。
地元の子供たちが屋根を拵えたことも「お接待」の一つだろう

もっとも、こうした地方都市の中核となる大寺院がおおむねそうであるように、地元に密着している側面もあり、たんなる観光寺院ではない。実際、金堂や五重塔、樹齢千年を超える楠の巨木がつくる東院の風景は、よくある懐かしい「近所のお寺」そのものである。参道こそ石畳だが、剝き出しの地面は、日々参拝者や近所の人びとの無数の足に踏み固められ、草一本生えない滑らかさになっている。子どもの遊び場にもなる、いわゆるお寺の境内である。

西院の御影堂の地下には戒壇巡りの回廊もあり、驚くことにそこではコンピューターで合成された弘法大師の声なるものが流されているが、四国霊場のほかの寺と同様、善通寺も弘法大師の気配そのものはけっして濃くはない。真言宗の寺として大師ゆかりの各種法要は盛大に行われているようだが、それよりもやはり、地元の人びとが家内安全や無病息災などを祈願する身近な寺として機能しているように見受けられた。

このように四国霊場の寺は、規模や賑わいの大小にかかわらず、近所のお寺の顔と、観光名所の顔と、巡礼という非日常の精神性の三つの顔をもっているのだが、訪れる人びとも、何かしら発願したお遍路がおり、たんなる旅行者がおり、散歩の途中にお参りしてゆく近所の住民がいる。お遍路の人びとには濃厚に感じられるのだろう弘法大師の気配も、旅行者や地元の住民にはそれほどでもない。してみれば、まさに空気のように遍在しているが、とくに意識しなければ空気のように実感もないのが、四国におけるお大師さんの現在と言える

戒壇巡り
戒律を授けるための戒壇の地下で、暗闇の中を宝号を唱えながら進んで仏（弘法大師）と結縁し、極楽往生が保証されるという趣旨で行われる。善光寺（長野県）のものなどが有名。

だろうか。

　さらに言えば、八十八ヵ寺を回って結願するという巡礼のかたちが定着したことで、聖たちによって伝承されてきた弘法大師像に新たな命が吹き込まれたとも言えるだろう。聖たちは全国を巡ったが、とくに四国で大師信仰が盛んなのは、生誕の地だからという以上に、いち早く巡礼の仕組みが整備されたことが大きいように思う。ご本尊もさまざまな上に真言宗ではない寺さえある八十八ヵ寺を、巡礼という仕組みが繋いでおり、そこにシンボルとしての大師がおわすのである。

「空海」が「空気」になった

　さて、日本各地の真言宗の寺には必ず大師像や大師堂があるが、四国がそうであるように、弘法大師その人への信仰はどちらかと言えば希薄な場合が多いように思う。

　たとえば京都の東寺もそうである。京都観光の目玉の一つであり、毎月二十一日の弘法市が多くの買い物客を引きつける東寺だが、その市を望む寺内の御影堂だけは少し雰囲気が違う。空海の住まいだった御影堂は、空海の入定後、その供養の場として使われるようになった。当然、官寺としての国家鎮護の法会とは性質が異なり、それが中世から今日まで続いているのだが、前出の橋本初子氏の『中世東寺と弘法大師信仰』によると、大師信仰はこの御影堂におい

空海が入定した月命日の二十一日には、東寺の境内では「弘法市」が開かれる

弘法大師の生誕地とされる善通寺。偶然か否か、高野山、長安とほぼ同じ緯度に位置している

て、僧侶のものから次第に近隣の民衆のものへと発展していったとされる。

同書によれば、南北朝期の終わりごろ、御影堂には信者の集まりである光明真言講が成立し、室町時代に近所の民衆たちに広まった。民衆の浄財を経済基盤にして、御影堂は民衆寺院になってゆくのである。御影堂がどのように民衆の信仰の受け皿になってきたかは、毎朝六時から行われる「生身供《しょうじんく》」と呼ぶ現在の勤行の様子から窺い知ることができる。

開門と同時に三十人あまりの近所の老若男女がそぞろ集まり、あまり広くはないお堂の外陣を埋める。三百六十五日、一日も休まず通うというから、毎朝の生身供はほとんど息をするようなものだと言える。内陣で僧侶が一人、密教の法具を操り、周囲には聞こえないほど小さな声で経文を唱える、その背後で集まった老若男女が一斉に唱和を始めるのである。

「むーじょーじんじんみーみょーほー（無上甚深微妙法）」の開経偈《かいきょうのげ》に始まり、三帰・三竟《さんきょう》・十善戒・三昧耶戒《さんまやかい》・般若心経・光明真言・ご宝号・回向・真言安《あん》心和《じんわ》讃《さん》と続く勤行は一時間ほどかかる。まるで老若男女が民家の仏間に集まって念入りな勤行をしているかのような光景であり、その間、僧侶一人は内陣の法具、もしくは装飾の一部と化している。そして最後は、空海が唐から持ち帰ったとされる仏舎利のお授けの儀式があり、勤行は終わる。

途中、「南無大師遍照金剛」のご宝号も唱えられはするが、御影堂で毎朝行われている勤行は、弘法大師への帰依というよりは、おそらく信心深い善男善

三昧耶戒
真言宗の戒律。空海は著作で、信心、大悲心（人々を救おうとする心）、勝義心（優れた真言の教えを学ぶ心）、大菩提心（悟りを得ようとする心）という四つの心を起こすべきだと説く。真言宗では勤行で三昧耶戒真言を唱える。

女の熱心な先祖供養の延長線上にあり、彼らが生活圏のなかで確保している大事な祈りの場なのではないだろうか。このような生活の一部としての信仰は、四国でも見られたものである。

それにしても、これほど日本人に浸透している弘法大師が、これほど空気のようであるのはどういうことなのだろう。東京の護国寺といえば宮家の墓所が隣接し、数多くの著名人の墓があることで有名だが、ここが真言宗豊山派の大本山であることを知っている都民は少ないだろう。広大な境内の片隅にある大師堂も、立ち寄る人がいないためか、現在では使われていない。多くの文化財をもち、政財界から都民まで、広く信仰を集めている大寺院ではあるが、この護国寺などは弘法大師の存在が希薄になりすぎて、ほとんど消えてしまった例である。

それでは、高野山では大師信仰そのものに出会えるのだろうか。真言密教の総本山で、大師はどのような位置づけになっているのだろうか。

南無大師遍照金剛
遍照金剛は、密教のよりどころの本尊である大日如来の別名。唐で恵果阿闍梨が密教の正統な後継者とする一連の儀式で空海に授けた号でもある。智慧の光があまねく世界を照らし、不滅であるという意味で、空海を尊崇する言葉として、南無大師遍照金剛と唱える。

第9章　再び高野へ

山それ自体が祈りの対象に

空海、あるいは弘法大師の息吹を求めて再び高野山へ眼を移す。

高野山は、僧侶や修行僧の姿が日常的に見られる日本で唯一の宗教都市である。山麓とそこに開けた町のほとんどが宗教施設で占められ、町の人びとはまさに壇上伽藍と金剛峯寺と二十万基の墓や供養塔、そして百カ寺を超える塔頭《たっちゅう》とともに暮らしている。そこに立てば、一般の観光客でも独特の荘厳な空気を感じるが、四国霊場の結願《けちがん》のお礼参りや、春と秋の結縁灌頂を目当てに訪れる人びとにとって、高野山の霊験はひとかたならぬものであることだろう。

二〇一三年秋、筆者は金剛界の結縁灌頂が行われるその日に高野山を訪ねた。開壇に先立って午前八時から庭儀結縁灌頂三昧耶戒という儀式が壇上伽藍で繰り広げられる。金剛峯寺をはじめ山内の塔頭の僧侶たちが正装をし、声明を唱えながら大会堂から金堂までお練りをする光景は、絵葉書になるほど有名な高野山の風物詩の一つである。その後金堂に入った僧侶たちは導師とともに三昧耶戒の法会を執り行うのだが、数十名がそれぞれ異なった節、異なったテンポで経文を唱える声が、低くうねりながら雲のように堂内に満ちる印象的な法会である。

さて、結縁灌頂は三日間で千人前後も入壇する大イベントである。一回の灌頂に一時間以上かかり、一度に百人ほどが南無大師遍照金剛のご宝号を唱えながら入壇する。燈明だけの暗い外陣で待つ間、各自教えられたとおりに手に印を結び、「オン　サンマヤ　サトバン」の真言を唱え続ける。順番が来て待合所に入ると、そこからは目隠しをされ、一列になって奥へ進んだところで、樒《しきみ》の葉を手に持たされ、腕を伸ばしてそれを曼荼羅の上に落とす投華《とうけ》得仏《とくぶつ》の儀式を行う。

その後、目隠しを外されて、樒が大日如来の尊像の上に落ちたこと、仏縁が結ばれたことが告げられ、続いて隣のブースに進む。そこで入壇者は阿闍梨の金剛杵を手に載せてもらい、頭頂に如来の智慧の水を灌《そそ》ぐ所作によって灌頂を授かることになる。これらすべてがある種の流れ作業であり、よくシステム化された宗教サービスになっている。現に、信心と無縁の私でも不思議な興奮を味わったのだから、信仰心の厚い人びとにはどれほど感慨深い体験になっていることかと思う。

ところで、この灌頂には内容や目的によって多くの種類があり、たとえば空海が八〇五年に唐の長安で恵果阿闍梨から最初に受けたのは学法灌頂、八一二年に空海自身が京都の高雄山寺で最澄らに授けたのは結縁灌頂である。しかし

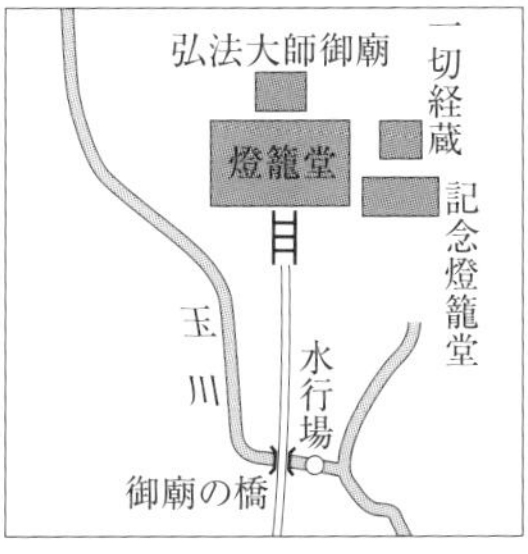

▶奥之院

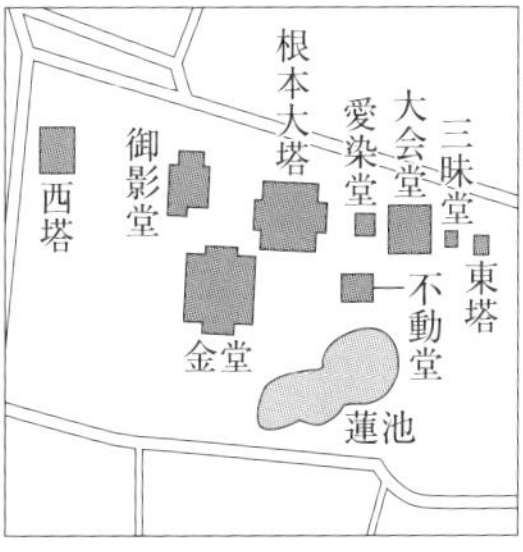

壇上伽藍◀

ながら、投華得仏などの基本的な手順は同じでも、当時の灌頂はいまよりはるかに神秘性をまとっていたのではないだろうか。

インド仏教史の後期に、速やかな解脱や神通力を得るための実践体系として登場した密教儀礼は、阿闍梨と弟子、あるいは阿闍梨と信者の間である種の験力や神秘体験がやり取りされて初めて成立する世界である。大正大学の種村隆元《りゅうげん》特任准教授によると、たとえば灌頂で投華得仏をするとき、華を投げるのは入壇者自身ではなく、阿闍梨が入壇者に憑依（遍入・アーヴェーシャ）させた尊格だという。そうだとすれば、千二百年前の高雄山寺の灌頂でも、空海と最澄の間でなにがしかの尊格の憑依があり、そこには常人には窺い知ることもできない神秘の異空間が出現していたことだろう。

現代の高野山で出会える神秘の異空間の一例は、毎年厳寒のさなかに行われる水行である。水行場は、奥之院の弘法大師御廟の手前を流れる玉川にかかる御廟の橋の傍らにある。隣り合わせの水向場には金仏と水盤が並び、参拝者は水盤に経木塔婆を立て、それに水を手向けてから御廟の橋を渡ってゆく。その神聖な禊《みそぎ》の場の隣で毎年水行を行うのは、奈良県吉野郡川上村にある寳壽院《ほうじゅいん》の女性副住職辻田真海氏（五四）と信者十数名である。

二〇一四年一月二十六日朝、辻田氏は一月十五日から断食に入っている身体で、信者を連れてバスで高野山に登り、若い女性を含む信者たちを率いて水行に臨んだ。周囲は雪が凍りつき、気温は氷点下である。多くの観光客が見守る

解脱
現世の煩悩から解き放たれ、自由な心境になること。

なか、辻田氏らは晒の着物一枚で数珠を手に川に入る。肩まで水に浸かり、そのまま一斉に般若心経の唱和が始まる。時間は信者が約一五分、辻田氏が三〇分である。

この水行は、大寒断食行の一環として同院が六〇年近く続けているものだそうだが、修験道を除くと、現代ではこのような荒行をする僧侶は真言宗でも稀らしい。氷点下の寒さの下、すでに十日以上断食をしている身体での水行を可能にしているものは、生理学的には肉体の極限がもたらすアドレナリンの大量放出と、そのエネルギー代謝以外には考えられない。とまれ、辻田氏らの一心不乱の行は見る者を震撼させ、人智を超えた何かの験力を感じさせるという意味では、まさに一つの宗教空間であったと思う。

水行のあと、隣のお堂で辻田氏による法会が行われたが、そこでも護摩を修する氏の後ろ姿には鬼気迫るものがあった。寶壽院は典型的な祈禱寺であり、氏は信者の悩みを出来るだけ的確に察知するために自身の精神修養に励み、加持力・祈禱力を磨いているのだということである。また、修法では同院のご本尊である船不動明王と一体になり、信者の悩みに答えるのは不動明王の代弁だと語る。昨今、尊格の憑依（入我我入）がこんなふうに明解に自覚されているのも珍しいが、同院に熱心な信者が多い理由はこの辺にあるのだろう。

ところでそんな地方寺院の水行を、当の高野山は冷ややかに眺めているようにも感じられたが、高野山の僧侶たちによる、かの庭儀結縁灌頂三昧耶戒の法

修験道
日本古来の山岳信仰に基づき、山中で厳しい修行をして、悟りや超人間的な験力を得ることを目的とする宗教。

奥之院には四国八十八カ所霊場巡りを終えた人たちも多数お礼参りに訪れる。やはり白装束のお遍路姿である

庭儀結縁灌頂三昧耶戒は高野山の春と秋の風物詩。
あでやかな袈裟の僧侶が練り歩く

会の、雲のように湧き上がる読経も、大日如来との入我我入を楽しむ僧侶たちの、ある種のトランス状態の声の集合体ではあろう。かたちこそ違え、なにがしかのこうした変性意識体験なくして密教僧の実存が保てないのは、地方の僧侶も高野山の僧侶も同様なのではないかと思う。

さて一方では、海外からの観光客も増えてカラフルで明るい高野山であるが、空海もしくは弘法大師は、そのどこにおわすのだろうか。参拝客が絶えない奥之院の御廟におわすのは、生きていまも修行を続けているという入定伝説の主、弘法大師である。その弘法大師は、四国遍路の善男善女たちが道々で出会う、生々しい息遣いを伴ったお大師さんではなく、高野聖や庶民たちが親しみをこめて語り継いできたお大師さんでもない。東寺御影堂の生身供で近所の人びとが毎朝祈りを奉げるお大師さんでもない。むしろほとんど仏や神に等しい、近寄りがたい聖なる何者か、なのである。

これを言い換えると、私たちが今日の高野山で出会うのは大師信仰でも宗祖空海への尊崇でもなく、高野山自体が漠とした祈りの対象となって存在しているという事実だということになろうか。厳島の弥山や出羽三山、白山、大峰山、熊野等々と同じく、高野山という壮大な信仰の山があるということであって、それ以上でも以下でもない。そこでは空海も大師も、古来からそれほど変容はしていない日本人の信心の一隅を占めるばかりの存在となって、仏や神祇たちの脇に慎ましく座しているのである。

オウム真理教はどこで間違ったか

さて、現代の高野山は真言密教の聖地というより、特定の宗派にこだわらない日本人の祈りの山になっているのだが、このおおらかさは高野山に限らず日本の密教寺院に共通するもののようである。車のお祓いなどはその好例であるが、チベットから僧侶を招いて法会や、砂曼荼羅の作製をするのも同様だろう。

近年、ダライ・ラマ十四世をはじめチベット密教僧を招聘しての宗教イベントは日本各地の真言宗寺院で行われている。積極的にダライ・ラマとの交流を進めている高野山はもちろん、私は広島県・厳島にある真言宗御室《おむろ》派の大聖院《だいしょういん》でもチベット僧の手になる砂曼荼羅に出会って驚いたものだ。こうした招聘の背景には、中国と対立するチベットと日本の政治的思惑もあると言われているが、それ以前に、日本の密教とは経典も儀軌もかなり違うチベット密教を、当たり障りのない部分だけを選んで摂取することに抵抗感がないのは、実に日本らしい信仰の姿だと言える。

振り返れば二十年前、東京の地下鉄に猛毒のサリンをまく無差別テロを起こしたオウム真理教も、ヨーガとヒンドゥーのシヴァ教とチベット密教と大乗仏教、さらにはキリスト教までを場当たり的に継ぎはぎしていたのだが、こころの救いを求めてオウムに入信した若者たちはもちろん、当時オウム真理教を宗教として捉えた一部の識者たちも、この継ぎはぎ自体には違和感をもたなかっ

ダライ・ラマ十四世
一九三五年に現在の中国・青海省に生まれ、四歳の時にダライ・ラマ十四世に認定された。一九四〇年に即位したが、一九五九年にインドへ亡命。世界的な宗教指導者で、二〇一一年には高野山を訪れた。

弘法大師御廟につながる「御廟の橋」にて

奥之院を流れる玉川での辻田真海さんの水行。一心不乱の行は見る者を震撼させる

たようである。

ところで伝統仏教は当時、オウム真理教と表立って対峙することはしなかった。おそらく教義の面で論評するに値しない稚拙さだったことが無視の理由だったかもしれないが、それでもオウムが行っていたヨーガや瞑想の身体技法は、修験道や空海以来の日本密教のそれに通じるものである。もちろん、彼らオウムが身体の神秘体験を即ち解脱と捉えたり、教団に敵対する者を度脱する論理を堂々と展開したりし始めたとき、伝統仏教とは似て非なるものに変質したのだが、そうだとしても密教が教義の根本に身体による実践を置く以上、密教僧は自身とオウム信者を分けるものが実はそれほど明確にあるわけではないことに、思いを馳せる必要があるだろう。

私は二〇一五年初め、密教の身体体験とオウム真理教のそれにどの程度共通点があるのか、どこがどう違うのかを知りたいと思い、三人の元オウム信者に取材を試みた。三人の経歴を紹介しておくと、いずれも学校や社会に馴染めず、事前に阿含宗《あごんしゅう》やヨーガを体験しており、超常現象にも興味があった。三人とも二十歳前後で入信、出家し、うち二人は山梨県の上九一色村（当時）の教団施設での修行経験もある。

三人の共通点は、いわゆる変性意識状態になりやすい生来の体質とヨーガの特殊な呼吸法が合わさることによって、比較的簡単に神秘体験を得たことだが、これはオウムに入信した若者たちの一つの特徴である。エネルギーの塊が腹か

度脱
迷いの世界から悟りの世界に導き入れること。

ら頭頂部へ突き抜けたり、光の爆発があったり、幽体離脱をしたり。オウムでは、そんな神秘体験を重ねることで修行が深まり、実際に三昧に入ってこころが鎮まるところまで達する者もいたが、残念ながらオウムにはその三昧を正しく言語化する意思も能力もなかった。そう考えると、高知県・室戸岬で「明星来影す」の圧倒的体験をした若き空海とオウム信者たちの違いは、自身の体験を言語化し、それを以て衆生を救済せんとする宗教者としての強固な意思の有無だけだとも言える。

三人のオウム体験をもう少し見てみよう。中学時代から阿含宗や自己啓発セミナーを経験していたA氏は、大学入学と同時に勉強に行き詰まってノイローゼになり、たまたま目についたオウムの世田谷道場を訪ねたのが始まりだった。言われるままにビラ配りを手伝ううちに二週間でノイローゼを脱し、さらに五日間の集中修行に参加して、極限状態での神秘体験を体感した結果、教祖の正しさを確信するに至った。A氏はなまじインド哲学、とくにサーンキヤ学派を学んでいたため、その用語である「プルシャ（真我）」や「プラクリティ（根本原質）」を構成する三つのグナ（要素）」といった教祖の言葉に信憑性を感じたようだが、いまでは自分がなぜ教祖の終末論まで信じてしまったのか分からないと話す。

B氏はたいへんな秀才で、将来を約束された超一流高校在学中、通っていたヨーガ教室に飽き足らずにオウムに入った。求めていたのは、クンダリニー・

幽体離脱
肉体から心や意識が抜け出す状態。

自己啓発セミナー
本当の自分を発見して能力を高めることを目的とする講座で、リーダー養成のための企業向け研修に多く用いられた。心身疾患を多発させたことで批判を浴びた。

砂曼荼羅。チベット僧が色とりどりの砂を使って数日かけて作り上げる

若き空海が「明星来影す」との神秘体験をした室戸岬の御厨人窟。夜間は満天の星、そして太平洋の波濤

ヨーガを成就して高次のスピリチュアル世界を体験することである。優秀なB氏には周囲の世界がまったくつまらないものに見え、その先へ行くことを強く望んでの入信だったが、実際の修行については能力的な限界を感じ、やがてワークと呼ばれる対外活動のほうで教団を支えるようになった。脱会は、二〇〇一年と遅い。三人のなかではオウム時代に助長された現実社会との隔絶感がなおも強く、未だオウムの影から完全に自由にはなっていないのかもしれない。

C氏も高校時代に軟弱な周囲の風潮に違和感を覚え、精神的・肉体的な強さを求めてヨーガに傾倒した。もともと素質があり、神秘体験を重ねてオウムに入ると、一回目の集中修行で早くもサマディ（三昧）を得た。そうして順調に修行を重ねて昇進もしたが、本人は自分が帰依したのは教祖ではなく仏だったと言う。ときに教団のやり方に異を唱えたこともあるそうで、出家信者のなかでは珍しく、ある程度の個人を保ち続けた人なのかもしれない。

C氏はオウムに入る前には真言宗への入信も考えたことがあるそうだが、脱会後のいまはヨーガを教えながら原始仏教の道へ進もうとしている。要は、日本の伝統仏教に彼を惹きつける力がないということだが、C氏を伝統仏教から遠ざけている一番のものは、オウムで得た絶対的な身体体験に違いない。C氏はオウム信者だったことについて「反省はしているが後悔はしていない」と言って憚らない。地下鉄サリン事件や、自分が教団の一員だったことの責任を引き受けはしても、なお「後悔はしていない」と言わしめるのが、宗教的身体体験の強度というものなのである。

とまれ、この世の宗教はほぼすべて、夢のお告げ、数々の秘跡、憑依、心霊現象、預言などなど豊富な身体体験を下敷きにして誕生した。言葉の体系がつくられるのはその後である。空海も、『秘密曼荼羅十住心論』を記して自身の変性意識体験を言葉の体系に昇華したが、一方で高野山を開創して修行の場を確保し、自らを非言語の三昧へと引き戻さんとした。こうして言語と三昧の間を行き来するのが本来の宗教者というものだとすれば、オウムの堕落は、身体体験の宗教的純化も言語化も捨てて、総選挙への立候補だの武装化だの、さまざまな現世の夾雑物を宗教に持ち込んだことにあったのは間違いない。

第10章 終着点

ハンセン病患者と大師信仰の深いつながり

日本人の宗教は、葬式を抜きにして考えることはできない。仏壇のない家に住み、先祖代々の墓は巨大な墓地公園にあり、家の宗派も知らないという人であっても、最後はどこかの寺、もしくは葬儀社の用意した僧侶の読経で送られるのが、二十一世紀のいまも日本では一般的である。

死者に引導を渡すのは、ひとまず職業僧侶だけに許された宗教行為であり、死者は引導を渡してもらってようやく成仏する。これが日本人のＤＮＡに刷り込まれた死に方、送られ方なのであり、仮に成仏できなかったり、供養してもらえなかったりした祖霊は祟ることになる。この国で、僧侶による葬式が社会の一つの約束事になってきた所以である。

この宗教と葬式の関係がむきだしの姿で存在してきた場所がある。全国十三カ所にある国立ハンセン病療養施設である。一九三一年制定の癩予防法をもとに強制隔離が行われた日本では、一九九六年の同法廃止まで、患者たちは施設に送られると真っ先に宗教を尋ねられてきた。無宗教の人も必ずどれか宗教を

国立ハンセン病療養施設
二〇一五年九月現在、以下の十三ヵ所が存在する。

決めるよう強制されたのは、その人の葬式の宗派を事前に確認しておくというお役所的な理由からである。

ハンセン病患者の強制隔離は近代日本のもっとも悲惨な歴史の一つだと言われる。入所者は家族と縁を切られ、入所者同士が所帯をもっても子どもをつくることは許されず、一生を偏見に耐えて塀のなかで生きるほかはなかった。そして死んで骨になっても故郷に帰れる人は稀で、多くは施設内の納骨堂で眠るのである。そんな残酷な生を強いられた人びとが宗教にすがり、信仰にこころの安寧を見出すのは道理に適ってはいるが、だからといって国家が強制隔離にあわせて入所者たちに宗教を強制した異常さが相殺されるはずもない。

二〇一五年一月、ハンセン病と四国巡礼の歴史的な因縁に導かれるようにして、熊本県の国立療養所菊池恵楓園《けいふうえん》を訪ねた。田園地帯に一八万坪の広大な敷地が広がるそこは、かつては入所者の脱走を防ぐ高さ二メートル余のコンクリート塀と堀に囲まれていたそうで、各地から患者を移送してきた鉄道の駅がいまも敷地に隣接して有る。一九五八年に・七三四人いた入所者は、二〇一五年一月一日現在で平均年齢八二歳と高齢化が進み、二九五人が暮らすのみとなっている。

同園は七七六床を数える最先端の病院の顔ももっているが、人影もなくひたすらだだっ広い敷地は、かつて日常生活から火葬、納骨まですべて園内で完結していた名残を随所に残していて、ただただ言葉を失う。

宮古南静園、沖縄愛楽園（沖縄県）、奄美和光園、星塚敬愛園（鹿児島県）、菊池恵楓園（熊本県）、大島青松園（香川県）、長島愛生園、邑《お》久《く》光明園（岡山県）、駿河療養所（静岡県）、多磨全生《ぜんしょう》園（東京都）、栗生楽泉園（群馬県）、東北新生園（宮城県）、松丘保養園（青森県）。

その一角に、やすらぎ総合会館という施設がある。そこには縦横一メートルほどのブースが横一列に九個並んでおり、各々金光教、真言宗、日蓮宗、真宗、神棚、物故者供養、天理教、創価学会、曹洞宗の祭壇が設けられている。入所者が亡くなると、その人の宗派に合わせて僧侶が来園し、ブースの前で読経をするのだそうで、園内にはカトリックと聖公会、本門佛立宗《ほんもんぶつりゅう》も各々小さな堂宇を構えている。とはいえこれらは祈りの場というより、死者にともかく成仏してもらうための装置というほうが正しい。国による強制隔離のうしろめたさが透けて見える祭壇の姿は、宗教もまた隔離に荷担してきたことの証である。

よく知られていることだが、『法華経』の「譬喩品《ひゆほん》」に「癩」が登場する。曰く「謗斯《ほうし》経故《きょうこ》　獲罪如是《ぎゃくざいにょぜ》」ゆえに、「疥癩癰疽《けらいおうそ》　如是等病　以為衣服《いいえぶく》　身常《しんじょう》臭処《しゅしょ》　垢穢《くえ》不浄《ふじょう》」だというのである。

この『法華経』により、日本人は長らくハンセン病を業病として受け止めてきたとされている。患者たちはとくに『法華経』を正法とする日蓮宗を頼って集まり、江戸末期から明治にかけて病気平癒の祈願と物乞いのために日蓮宗寺院の周辺に棲みついて集落を形成した。なかでも熊本市の本妙寺は有名である。とはいえ菊池恵楓園を例に取ると、日蓮宗の信者が取り立てて多いわけではなく、創立時からの物故者数が一番多いのは真宗である。入所者が多かった時代、各宗派は僧侶による出張説教をしていたが、いまではそれも絶え、園内のやすらぎ総合会館の掲示板には葬儀と命日の法要の予定だけが寂しく並んでいる。

謗斯経故……この経典を謗ったために罪を被るとこのようになる、の意。

疥癩癰疽……はたけ、らい、腫れ物といった病が衣服となり、身は常に汚く不浄である、の意。

同園に一九五二年に入所した吉村藤次郎氏（九七）は、熱心な真言宗の信者である。子ども時代に覚えたお経や和讃が園内の法要で役立ち、入所者たちの火葬にも立ち会ってきた。外出制限が緩くなった一九七四年以降は、病気治癒祈願のために福岡の篠栗町《ささぐりまち》や四国の八十八ヵ所霊場を巡り、結願したときの白装束を自分の死装束にと用意している。

人はここまで柔和に老いることができるものかと感嘆しながら吉村氏と相対している間、私はふと、この国の大師信仰は、まさにハンセン病患者たちがいてこそ営々と息づいてきたのではないかと思った。療養所が出来る前、故郷を追われた患者たちが、全国から四国を目指して死出の旅に出たとき、口ずさんでいたのは弘法大師和讃の「業病難病受けし身は　八十八の遺跡《ゆいせき》に　よせて利益を成し給ふ」であろう。孤独と悲惨のなかでこれほど強い信仰が保たれてきたのは、ハンセン病患者たちの大師信仰がまさに信仰であった証である。いまの日本にこれに似た信仰が存在するとすれば、わずかに東日本大震災の被災地にある祈りぐらいではないかと思う。

もっとも同じ入所者でも、自分にはあまり信仰心はないと語る人もいることは断っておかなければならない。吉村氏の取材に同席してくださった杉野桂子さん（七三）も、同園での人生は筆舌に尽くしがたいものだったが、吉村氏と同じく柔和でやさしい笑顔が魅力的な女性であった。特定の信仰はなくとも、人間であることの尊厳を保ち、生きることに前向きであり続けることはできる

弘法大師和讃
弘法大師空海の生い立ちから始まり、その徳、教えを褒めたたえた和語による讃歌。

吉村藤次郎さん（右）、杉野桂子さん（中央）と話す著者

菊池恵楓園の一角にあるやすらぎ総合会館には、各宗派の祭壇が並ぶ。
入所者が亡くなると、その人の宗派の僧侶が訪れて読経することになる

菊池恵楓園の納骨堂。
家族に縁を切られ故郷に帰ることが出来なかった数多くの入所者が眠っている

のだ。

とまれ、どこの療養施設でも入所者の高齢化は著しく、亡くなる人の数が加速度的に増えているため、二十年も経てばこの国のハンセン病の歴史はすべて過去形になると考えられるが、それはすなわち、ハンセン病の苦しみの傍らにあった深い信仰の消滅も意味する。元患者たちの歴史の終焉とともに、各地の療養施設や巡礼の地に息づいていた弘法大師も退場してゆくということである。

もちろん、退場してゆく大師がおわす一方で、東寺の御影堂のように地元の生活に根を下ろした大師もおわすのであり、仏より身近な尊格として、この先もしばらくはときどきの日本人の祈りの対象であり続けるに違いない。

時代に追い越されて

さて、空海の入滅後、百年を経ずして東寺が空海その人の肖像を祀り始めたとき、あるいは弘法大師の諡号の下賜とともに空海は御廟でなおも生きているとする入定留身説が作られたとき、歴史上の僧空海の残像は自然消滅した。そして、入れ替わりに弘法大師という霊験あらたかな生き仏の伝説が現れ、民衆の間に広がっていったのだが、その過程は、真言密教の体系が一握りの学侶の専有となって大師信仰の陰に隠れてゆく過程と軌を一にする。

実際、空海亡きあとに生前の名声が急速に忘れられ、宗派の勢いも低下したことが宗祖の神格化という奇策を生んだ経緯を見ても、深秘の身体技法の実践

法然（一一三三〜一二一二）
平安末期〜鎌倉前期の僧。美作国に生まれ専修念仏を説いた。

親鸞（一一七三〜一二六二）
鎌倉前期の僧。法然の門に入り専修念仏の道に帰依した。絶対他力・悪人正機説を説く。

である密教は、そもそも浄土信仰や念仏のようには民衆の間に浸透するものでなかったと言うほかはない。

ありていに言えば、空海を失った真言宗はその後、弘法大師を尊格とする庶民信仰と、国家鎮護と朝廷や皇族の息災を祈る国家宗教と、さらには日本総菩提所としての高野浄土の三つの顔で千二百年を生きてきたのである。そしてその三つの顔のうち、生前の空海が関知していたのは、いまも東寺の灌頂院で行われている後七日御修法ぐらいであることを考えると、やはり八三五年の入滅をもって空海は名実ともにその一生を閉じたのであり、後世の展開はまったく別次元の物語と見るべきだろう。

こうして空海をめぐる視座にあえて区切りをつけるのは、空海の築いた真言密教も、やがて時代に追い越されていったからである。

空海の時代から三百年以上の時が流れた十二世紀から十三世紀にかけて、世は武士と農民の社会になり、国家鎮護や皇族の息災を祈願してきた既存の仏教を尻目に、民衆のための新しい仏教が次々に登場した。法然の浄土宗、親鸞の浄土真宗、栄西の臨済宗、道元の曹洞宗、日蓮の日蓮宗である。これに法然の系統である一遍の時宗を合わせて鎌倉六宗という。

これら新仏教はいずれも天台宗の僧たちによって開かれ、真言宗からは輩出されなかった。当時、天台・真言ともに広大な荘園を抱えてそれなりの権勢を誇り、仏教教団としては、どちらもそれなりに堕落していたとされるが、仏教

栄西（一一四一～一二一五）鎌倉前期の禅僧。備中国に生まれる。二度の入宋ののち鎌倉幕府の帰依を受けた。

道元（一二〇〇～一二五三）鎌倉前期の禅僧。一二四四年に永平寺を開き、『正法眼蔵』を著した。日本思想史を画した人物。

日蓮（一二二二～一二八二）鎌倉中期の僧。安房国に生まれる。『立正安国論』を著し、幾多の法難に遭ったことでも知られる。

一遍（一二三九～一二八九）鎌倉中期の僧。伊予国に生まれる。勧進念仏札を携えた諸国遊行の姿は『一遍上人絵伝』で有名。

の刷新を目指した仏教者が結果的に比叡山に集中していたのは、都に近かったことがあるのかもしれない。また、ときは源平の争乱、承久の乱、蒙古襲来などを経て武家社会が確立してゆく時代である。動乱の世は人心を重苦しさで包み、巷には末法到来の空気が広がっていた。そういう世にあって天台宗と真言宗は依然仏教の主流ではあったものの、その一方で阿弥陀如来を頼み、一心に念仏すれば成仏できるとの教えが武士や農民の間に広がっていったのは自然の流れであったろう。

加えて中世の武家社会では、額に汗して生きる武士や農民の身体は、曼荼羅に包み込まれて全面的に肯定されるものというより、むしろ種々の苦しみの源泉として捉えられていたと考えられる。新仏教の専修念仏や座禅は、その重苦しい身体をしばし忘れさせてくれるものだった。しかも、阿弥陀如来の誓願を信じることに難しい理屈は要らない。南無阿弥陀仏の題目を唱えるのも然りである。弥陀の誓願によりどんな人も確実に救済されるとする発想は、凡夫の作善や、一乗や二乗といった悟りへの道を超越して、実に合理的だと言うほかはない。平安末期から鎌倉時代に輩出した法然ら傑物たちは、空海が第十住心秘密荘厳心なるものによって一気に密教へ跳躍してみせたのと同じくらい革命的なアイデアを生み出したのである。

また、こうした新仏教の登場の背景には、人びとの懐事情や金銭感覚もあったのではないだろうか。仏教が貴族の専有でなくなった結果、武士や農民にと

源平の争乱
一一八〇年の後白河法皇の皇子・以仁王《もちひとおう》と源頼政による平氏打倒の挙兵から、一一八九年に源頼朝が奥州を平定するまでの全国的な動乱。

承久の乱
一二二一年、後鳥羽上皇が鎌倉幕府を打倒しようと挙兵した戦い。幕府側の圧倒的な勝利となり、上皇は隠岐に流された。

末法
修行しても悟りを得られず、教えだけが残る時代。

一乗・二乗
「乗」は仏の悟りに導いていく乗り物。一乗は一つの乗り物という意味で、二乗は仏の教えを聞き悟ろうとする「声聞乗《しょうもんじょう》」、仏の教えに頼らず一人で独自に悟る「縁覚乗《えんがくじょう》」の二つを指す。

って密教は金がかかりすぎると考えられるようになったのかもしれない。空海が朝廷で執り行っていた後七日御修法などの贅を究めた法会を思い起こすまでもなく、新しい時代はもっと安上がりで簡便な祈りのかたちを求めていたというのは十分に想像できる。

民衆の中で息づく空海

それにしても、天台宗が結果的に新仏教のゆりかごとなった一方で、真言宗はこのように空海が完成させた体系をほとんど更新することがなかったのだが、両者の差を遡ると、最澄と空海の世界観の差に行き着く。最澄は生前、唐から請来した密教を消化する時間がなく、法華経と密教を教義的に融合させたのは後代の円仁や安然《あんねん》らだった。このような天台教学の尽きない変遷と進化は、最澄以来の伝統だったと言える。最澄は晩年、東国の法相宗の学僧徳一と法華経の解釈をめぐる論争に明け暮れたことが知られているが、教相判釈への徹底したこだわりは、すべての顕教を呑み込んで障りなしとした空海と大きな対照を為す。

平たく言えば「何でもあり」と「細部へのこだわり」の違いだが、両者のその後の展開を見るに、すべてを包含してみせた真言密教はそれゆえに大胆な進化を停止し、ぐずぐずと論争の続いた天台教学は、それゆえに進化もあったのだろう。大乗仏教における法華経の厚みは圧倒的であるが、その細部を不問に

最澄と徳一の論争
三一権実諍論と呼ばれる仏教論争。両者が対面して激論を交したのではなく、著述の応酬という形で争われた。結果として多くの著作が生まれている。

付して一気に呑み込むがごとき密教の教えは、論理からの跳躍を求めるゆえに、論理の脆弱性を免れ得ない。論理を超越したものは論理によって批判されることもない代わりに、大きな変化や革新からは孤絶するのである。

とはいえ、空海と最澄が同時代に居合わせた歴史の偶然にはこれ以上立ち入らない。最澄が弟子の離反に遭い、教えを乞うた空海にも拒絶されたことを裏付ける手紙は現存するが、千二百年前の両者の交流の実像は、もはや歴史的知見の彼方だというほうが正しい。

ところで、新しい仏教が興っても、無名の聖たちが伝え歩く弘法大師の入定留身や高野浄土への信仰が衰えることはなかった。不動尊信仰や現世利益を求めての祈りも廃れることはなかったし、むしろ一層庶民に根を下ろしていったのだが、一方で、三密によって大日如来と入我我入する「六大無礙にして「重重帝網《たいもう》なる」即身成仏の世界は、一握りの学侶のみが知る秘儀となり、その真髄はますます民衆から遠いものになっていった。

そして、その状況は二十一世紀の今日に至っても基本的に変わらないと言える。人びとは東寺で毎月二十一日に開かれる弘法市の賑わいを楽しみ、不動尊に行き当たればひとまず手を合わせ、はたまた折に触れてさまざまな祈願をするが、ほとんどの人は自分が宗教行為をしているという意識すらないだろう。ときに曼荼羅の荘厳さにこころ打たれ、仏像のうつくしさに感応しながらも、べつに帰依するわけではない。「南無大師遍照金剛」のご宝号を唱えながら四

即身成仏
修行者が土中などで読経しながら絶命し木乃伊になったものを一般に「即身仏」といい、観光化されていることが多いが、「即身成仏」とは区別する必要がある。

国霊場をめぐる善男善女も、弘法大師その人についての知識は豊富に備えていても、たとえば即身成仏や秘密荘厳心について語る言葉をもっている人は少ないだろう。

しかし高野山の僧侶たちが言うように、確かにそれでいいのかもしれない。空海その人はもちろん、現代の真言宗の僧侶たちも、日々の修法において身・口・意の三密で即身成仏の世界に住する。そして、その秘儀のすべてがもとより衆生済度の祈願のためにあるのだとすれば、私たち衆生はありがたく法会に参列し、ご本尊に手を合わせ、少しばかり喜捨をすればよいだけだろう。

言い換えれば真言密教は、宗教的行為が僧侶の専有だった千二百年前の古いかたちを留めて今日に至っているということでもあるが、ひとたび空海が言葉にして残したその世界の一端を覗き込んでみたなら、全天の星が鳴り響くようなめくるめく音と光と、かたちもなくうごめくもの、飛翔するもの、ゆがむもの、渦をまくものなどの明滅に包み込まれるのかもしれない。空海が「六大無礙にして」と記したその宇宙が、私たちの想像を絶するうつくしさに満ちているという夢想は、毒にはなるまい。

南無大師遍照金剛　恵果が空海に密教を伝授した際、大日如来の灌頂名である「遍照金剛」を付与したことに基づく空海のご宝号。

高野山から空海の故郷である讃岐方面の夕日を望む

終わりに

空海をめぐる私の旅の最後に、かろうじてこの手でつかみ取ったその肖像を記しておく。あるときは山林を跋渉する一優婆塞。またあるときは真言密教の体系を築いた宗教的天才。またまたあるときは平安京で衆目を集めていた高名な僧。そして、入定留身して仏になった密教僧。千二百年前に生きた不世出の僧空海を言い当てる言葉はいくつもあるが、多彩な顔の下の生身の人間空海は、どんな人だったのだろう。

まず、青年時代から入定まで、空海は一切の私生活が伝えられていない。記録がないだけかもしれないが、仮名乞児がそうであったように、全身が宗教的情熱の塊で、文字通り修禅と修法と経論の探究以外の人生はほとんどなかった人なのかもしれない。

千二百年前のその心身は、基本的に古代のアニミズムを住まわせた「色心不二」であり、そこに大陸から渡来した仏教その他の最新知識と世界観が織り込まれていたと考えられるが、なかでもそれらの知識や世界を顕現させる言葉、すなわち中国語の漢文は、空海の心身にもっとも響いたものだったに違いない。もちろん、生まれつき特別な語学の才能があったのは間違いないが、そこから花開いた文才は明らかに宗教家の枠を超えたものだったように思う。初期の『三教指帰』に始まり、『遍照発揮性霊集』に収められた数々の願文や詩文、そして『請来目録』から『秘蔵宝鑰』までのすべての著作が、宗教者の文章と言うより、まずは卓越した文筆家のそれなのである。

また、『秘蔵宝鑰』の序にある「生れ生れ生れ生れて生の始めに暗く　死に死に死に死んで死の終はりに冥し」といった有名な一文を挙げるまでもなく、生来豊かな情緒の人だったのも確かだが、さまざまな情緒も価値観も世界のかたちも、言葉に織り上げられて初めて生まれ出るものである。とすれば、空海の感性も思考方法も、ほぼ当時の中国語の世界のそれだったと考えてよいだろう。

現に、現代の日本語の感覚で捉えると、空海の文章世界はなんとも装飾過多である。願文や上表文の表現が過剰になりがちなのは当然だとしても、たとえば『請来目録』に綴られた恵果とのエピソードなどは、3章でも触れたように、中国語の修辞を念頭に置かなければ、どこまでが事実で、どこからが創作なのか判然としない美辞麗句と大言壮語のかたまりである。もちろん、すべてが空海個人の創作だったというより、当時の一般的な中国語の修辞がそうだったのであり、空海は千二百年前の日本人として、中国語の思考と世界観、価値観を最大限に体現していたのだと考えられる。とすれば、今日の私たちにはいろいろな意味でなにかと日本人離れしたスケールの人、ということになろうか。

とまれ、日本古来の自然やアニミズムを滲みこませた身体の直接体験と、中国語の論理や修辞が合体したとき、まさに空海独自の比類ない密教世界が開かれた。空海ただ一人が開き、空海ただ一人で完結し、後世に革新や進化が起こるべくもなかった理由がここにある。

しかしながら、古代の身体と中国語世界の合体は、空海の独自性をつくりだしたものではあるが、それは宗教者空海の巨大さの説明にはならない。そもそも長安の青龍寺で、恵果が千人以上もの弟子たちのなかから、日本僧一人に白羽の矢を立てた理由はいったい何か。恵果が首を長くして空海の来訪を待っていたのには、それなりの具体的な理由があったはずである。『沙門空海』には、あたかもそのことを裏付けるように恵果の弟子呉慇《ごいん》が日本僧空海について「この沙門はこれ凡徒にあらず、三地の菩薩なり」と称賛したことが記されているが、呉慇がかくも空海を称賛した理由は何か。

恵果をして「相待つこと久し」と言わしめた空海の名声とは、その博識や学習への情熱といった抽象的なものではなく、誰もが眼で見て分かるものから来ていたはずである。そう、空海はその全身から菩薩のようなオーラを発していたのではないだろうか。ひとたび結跏趺坐《けっかふざ》するやいなや、あるいはひとたび声明の声を発するやいなや、周囲を圧倒するオーラに包まれ、たちまち生き仏となったのではないだろうか。そんな特別な能力を備えていたと仮定しなければ、一介の日本僧が青龍寺で恵果からいきなり正統の密教のすべてを伝授されたこととの合理的な説明はつかない。

さらに帰国後の急速な栄達も、幅広い人脈も、はたまた四国の満濃池修築の際に地元の人びとに父母のように慕われていると評されたのも、すべて並外れた宗教的オーラを抜きにしては考えられない。「明星来影す」の未曾有の身体体験も、たんにそれだけでは後世に伝わらなかっただろう。むしろ、誰もが凡夫ではないと認めるオーラが何よりも先にあり、それがさまざまな逸話を生み、名声が名声を呼び、やがて空海という傑僧を生み出していったのである。入滅後、急速にその名声が退いていったのも、眼に見えるオーラがなくなったためだと考えれば、一層分かりやすい。

それにしても、その唯一無二のオーラが密教の秘儀と溶け合うとき、空海の執り行う法会はどれほど見事なものであったことだろう。空海が生き仏になってかもしだす霊験は、法会に居並ぶ天皇や貴族たちと感応道交し、それこそ大日如来の顕現かと思われたかもしれない。

もしタイムマシンがあったなら、私は誰よりも生きた空海その人に会ってみたい。

特別対談

前高野山真言宗管長
松長有慶
VS
髙村薫

髙村　まったく知らなかった弘法大師空海の世界を眺めさせてもらいました。その姿が大きすぎて捉えきれないので、あちこちに足を運びましたが、やはり漠としている、というのが率直な感想です。

松長　今までいろいろな作家の方が弘法大師空海を書きましたが、髙村さんはいきなり本質的なところから迫ったなという感じです。感心したのは、空海の若いころの「谷響を惜しまず、明星来影す」から出発したところです。的確な診断をする名医です。

髙村　一番印象深いのは、真言密教の根底には身体体験があることです。自分の体に起きた不思議は何なのか、教えを求めてさまよう。そういう煩悶があったからこそ、唐の長安で恵果に出会った感動はひとしおだったのでしょう。

松長　空海をつかむ代表的な言葉は三つです。「谷響を惜しまず……」、恵果から教えを授かった時の「冒地の得難きには非ず此の法に遭ふことの易からざる也」、晩年の「虚空尽き、衆生尽き、涅槃尽きなば、我が願も尽きん」です。

髙村　宗教は言葉で説明できない次元に立つものです。言葉にならないものに身を投じることができるか。そこへ向かう最初の一歩が身体体験だと思います。おおかたの人間はたとえ仏教を学んでも、信じるという最後の跳躍ができません。密教は身体体験を踏み台にして信心へと跳躍するのでしょう。

松長　密教はエイヤーと加持祈禱をする、奇跡を起こすといったイメージを持たれますが、そうではありません。言語化の前に、ヨーガという瞑想の修行が中心です。

髙村　けれども、身体体験と言語表現を総動員した空海の密教世界の全貌は、残念ながら衆生に十分に理解されたとは言い難いように思います。空海の時代、人びとが仏教に求めたのは滅罪と浄土への往生ですが、真言密教はその即身成仏の教えよりも、実際には加持祈禱によってもたらされるさまざまな現世利益で当時の人びとのニーズに応えていた側面が大きい。天台宗と違って、空海の築いた壮大な密教世界は空海に始まり、空海で終わったといえるのではないでしょうか。

松長　（天台宗の）最澄は密教を学び尽くせなかったから、弟子たちがそれを一生懸命勉強する前向きな姿勢があったのに対し、真言宗は空海が完全にしたので弟子たちがサボってしまった。それと天台宗は都に近いこともあり、圧倒的な政治的な力を持っていました。真言宗は拠点が分かれ、一つの力にならず、展開させる糸口をつかめませんでした。

髙村　空海が見ていた世界の全貌を知ることができたら、どんなにすごいでしょう。空海が「谷響を惜しまず」と言う時に、彼の目の前に展開していた世界を私たちが知るすべはないのですが……。

松長　空海の世界を言語化するのは不可能でしょう。恐らく頭ではなく、体全体の理解、皮膚体験だと思います。

髙村　平安仏教は貴族や皇室の宗教でした。ただ基層には、生と死、自然と人間、八百万の神がすべて地続きになっている日本古来の神祇信仰や山岳信仰がありました。その下地があったから、密教を受け入れやすかったのですね。一方、鎌倉仏教は禅や専修念仏で個々人の魂の救済に乗り出したのですが、それでも八百万の神が死んだわけではない。日本人の信仰の基層は千年、千二百年たっても変わっていない気がします。

松長　基底のものは変わっていないと思います。そこで時代に合った形で宗教というものが出て来たのでしょう。鎌倉仏教のような考え方は七世紀、八世紀には恐らく受け入れられなかったでしょう。私は平安仏教は百貨店、鎌倉仏教は専門店と言っています。ただ現代では、真言密教も思想性が置き去りで、現世利益信仰と大師信仰になってしまっていますが……。

髙村　それも古来の日本人の信仰と重なり合

っていると思います。

松長　空海の思想は、モノと心は、本来一つだという考え方です。「地・水・火・風・空」の五つの物質的な原理に、「識」という精神的な原理を入れた「六大」説です。それに基づく教えが現代社会に生きてくる点は三つあります。第一に人間だけでなく、動物、植物まですべての生きものと互いにいのちがつながり合っているると考える点。人間を主体とする文明から、動物も植物も同じように生存していく権利を持つという考え方への転換は、環境問題に役立ちます。第二は多元的な価値観を持つ点。第三は人間の欲望を頭から否定するのではなく、積極的に活用し、現実世界での実践を重視する点です。

これは社会福祉活動と言っていいでしょう。

髙村　東日本大震災や世界各地の無差別テロといった現実を目の当たりにしますと、信心のない人間でももはや言葉の論理で太刀打ちできないのを痛感します。理屈を超えて身体じゅうで悲しむこと、共感すること、受け入れること、向き合うことができるのは、宗教だけです。そういう意味で二十一世紀に宗教はあらためて必要とされていると思います。

松長　政治も経済もカバーできませんからね。宗教が思想的にリードするのは無理でしょうが、いのちがつながっているという思想は宗教にしかない。今こそ自然と一緒に生きる「共生」という平安仏教の考えを生かす時代だと思います。

●参考・引用文献

弘法大師空海全集（筑摩書房）宮坂宥勝監修
空海コレクション1・2（ちくま学芸文庫）宮坂宥勝監修
空海コレクション3・4（ちくま学芸文庫）福田亮成校訂・訳
空海の思想的展開の研究（トランスビュー）藤井淳著
沙門空海（ちくま学芸文庫）渡辺照宏・宮坂宥勝著
空海（ちくま学芸文庫）宮坂宥勝著
生命の海〈空海〉（角川ソフィア文庫）宮坂宥勝・梅原猛著
空海の足跡（角川選書）五来重著
弘法大師空海の研究（吉川弘文館）武内孝善著
弘法大師 伝承と史実（朱鷺書房）武内孝善著
空海入唐の道（朱鷺書房）静慈圓著
密教（岩波新書）松長有慶著
密教の歴史（平楽寺書店）松長有慶著
高野山民俗誌・奥の院編（佼成出版社）日野西眞定著
中世東寺と弘法大師信仰（思文閣出版）橋本初子著
不動明王（岩波現代文庫）渡辺照宏著
日本後紀 上・中・下（講談社学術文庫）森田悌・全現代語訳
続日本後紀 上・下（講談社学術文庫）森田悌・全現代語訳
行とは何か（新潮選書）藤田庄市著
神仏習合（岩波新書）義江彰夫著
入唐求法巡礼行記（中公文庫）圓仁著、深谷憲一訳
円仁 唐代中国への旅（講談社学術文庫）エドウィン・O・ライシャワー著、田村完誓訳
長安の都市計画（講談社選書メチエ）妹尾達彦著
四国遍路の宗教学的研究（法藏館）星野英紀著
法華経 上・中・下（岩波文庫）坂本幸男・岩本裕訳注
KAWADE道の手帖 空海（河出書房新社）
最澄と空海（講談社選書メチエ）立川武蔵著
法華経入門（岩波新書）菅野博史著
天台仏教の教え（大正大学出版会）塩入法道・池田宗譲編
山家の大師最澄（吉川弘文館）大久保良峻編
古代神祇信仰の成立と変容（彩流社）籔田紘一郎著
空海の思想について（講談社学術文庫）梅原猛著

●以下は新聞連載時の編集参考文献

高野山（岩波新書）松長有慶著
空海（山川出版社）曾根正人著
空海・高野山の教科書（枻出版社）総本山金剛峯寺・高野山大学監修
弘法大師を歩く（宝島社新書）近藤堯寛著
岩波 仏教辞典 第二版（岩波書店）中村元・福永光司ら編
空海読み解き事典（柏書房）小峰彌彦編著
高野聖（角川ソフィア文庫）五来重著
空海「三教指帰」（角川ソフィア文庫）加藤純隆・加藤精一訳
空海「即身成仏義」「声字実相義」「吽字義」（角川ソフィア文庫）加藤精一編
空海入門（角川ソフィア文庫）加藤精一著
図解 早わかり！ 空海と真言宗（三笠書房）小峰彌彦監修
初期密教（春秋社）高橋尚夫・木村秀明ら編
知の教科書 密教（講談社選書メチエ）正木晃著
遣唐使の見た中国（吉川弘文館）古瀬奈津子著
遣唐使船の時代（角川選書）遣唐使船再現シンポジウム編
空海の行動と思想（法藏館）静慈圓著

●取材協力者（敬称略、所属は取材当時）

松長有慶、添田隆昭、吉井惠貫、山口文章、近藤本淳、加藤栄俊、藪邦彦、清原幸仁、田井悠蓮、滝山隆心、後藤慈延、赤堀暢泰、三木智裕、相馬基輝、下弘人（和歌山・高野山金剛峯寺）、静慈圓、山陰加春夫、宮崎恵仁、木村格（高野山霊宝館）、樫原禅澄、坂田知應、菅智潤（香川・善通寺）、川崎一洸（高知・大日寺）、日野西眞定、日野西眞応（兵庫・西光寺）、島田信雄（高知・最御崎寺）、島村泰人（徳島・太龍寺）、三浦文良、清水雅之、新見康子（京都・東寺）、水尾寂芳、武田功成（滋賀・延暦寺）、谷内弘照（京都・神護寺）、辻田真海、辻田益久（奈良・寶壽院）、佐藤芳昌、小山夏津成（神奈川・川崎大師）、槙野恵淳（香川・大窪寺）、林心澄（福島・清水寺）、司東和光（岩手・興性寺）、小林信雄（岩手・金剛寺）、佐藤秀仁、深田洋平、大山隆玄（東京・高尾山薬王院）、金剛照祐、加藤義尚（大阪・成田山大阪別院明王院）、大須賀珠心（京都・岩屋寺）、芳村秀全（徳島・霊山寺）、岡本永司、小林大康（東京・護国寺）、小林崇仁（長野・平福寺）、福田道憲（広島・厳島神社）、吉田正裕、酒井太観（広島・大聖院）、土居夏樹、北川真寛、下西忠、木下浩良、武内孝善、藤田光寛（高野山大学）、星野英紀、神達知純、種村隆元、杉田美調（大正大学）、藤井淳（駒澤大学）、高原光（京都府立大学）、塚田穂高（國學院大學）藤田庄市（ジャーナリスト）、船附洋子（廿日市市宮島歴史民俗資料館）、岡崎環（広島民俗学会）、西田安則（高野山寺領森林組合）、樋爪修、高橋大樹（大津市歴史博物館）、志村康、太田明、吉村藤次郎、杉野桂子（国立療養所菊池恵楓園入所者自治会）、原田寿真（国立療養所菊池恵楓園歴史資料館）、富永正志（徳島県立文学書道館）、木戸淑裕（京都府立北嵯峨高校）、入江宗徳、入江徳子（善根宿うたんぐら）、溝渕寛治（善根宿）、戸城武史（四国新聞）、向井康（京都新聞）、鈴木素雄（河北新報）、山城滋、岩崎誠（中国新聞）、松下純一郎、丸野真司、田野弘一郎、泉潤、浪床敬子（熊本日日新聞）、元オウム真理教信者三人、前山おへんろ交流サロン、観音寺市・へんろ道研究会、日蓮宗宗務所、凸版印刷株式会社情報コミュニケーション事業本部曼荼羅復元再生プロジェクト室

●尚、本文中の年齢・肩書きは新聞掲載時のものです。

●本書は、共同通信社が２０１４年4月から15年4月まで配信した連載「21世紀の空海」を加筆修正したものです。

●連載は、東奥日報、デーリー東北、岩手日報、秋田魁新報、河北新報、千葉日報、神奈川新聞、信濃毎日新聞、静岡新聞、北國新聞、福井新聞、岐阜新聞、京都新聞、神戸新聞、山陽新聞、中国新聞、山陰中央新報、徳島新聞、四国新聞、愛媛新聞、高知新聞、佐賀新聞、長崎新聞、熊本日日新聞、南日本新聞が掲載。

●共同通信社の取材チーム

西野秀、泊宗之、鷺澤伊織、蔦林史峰、伊吹和宏、西詰真吾、矢辺拓郎、永原繁、尾崎純子、酒井直樹、遠藤弘太、網裕子、坂下智子、井上昇、橋之爪高行、橋詰邦弘

空《くう》 海《かい》

二〇一五年九月三〇日 発行
二〇二三年八月 五 日 九刷

著者 髙村《たかむら》 薫《かおる》

発行者 佐藤隆信
発行所 株式会社新潮社
〒一六二-八七一一 東京都新宿区矢来町七一
電話 編集部(〇三)三二六六-五四一一
読者係(〇三)三二六六-五一一一
http://www.shinchosha.co.jp

題字 髙村 薫
装幀 多田和博
カバー写真 泊 宗之
印刷所 株式会社精興社
製本所 加藤製本株式会社

乱丁・落丁本は、ご面倒ですが小社読者係宛お送り下さい。
送料小社負担にてお取替えいたします。
価格はカバーに表示してあります。
ISBN978-4-10-378408-1 C0095